भारत भाग्य विधाता

डॉ. कलाम की कलम से
4,50,000 से अधिक प्रतियों की बिक्री
मेरी जीवन-यात्रा
भारत भाग्य विधाता
भारत 2020 और उसके बाद
खुशहाल व समृद्ध विश्व
जीवन वृक्ष
जाग्रत भारत श्रेष्ठ भारत
वैज्ञानिक भारत
तेजस्वी मन
मेरे सपनों का भारत
हम होंगे कामयाब
कलाम
महाशक्ति भारत
विजयी भव
हमारे पथ-प्रदर्शक
1000 कलाम प्रश्नोत्तरी
क्या है कलाम?
Guiding Souls
BLOSSOM
Songs of Life

भारत भाग्य विधाता

डॉ. ए.पी.जे. अब्दुल कलाम

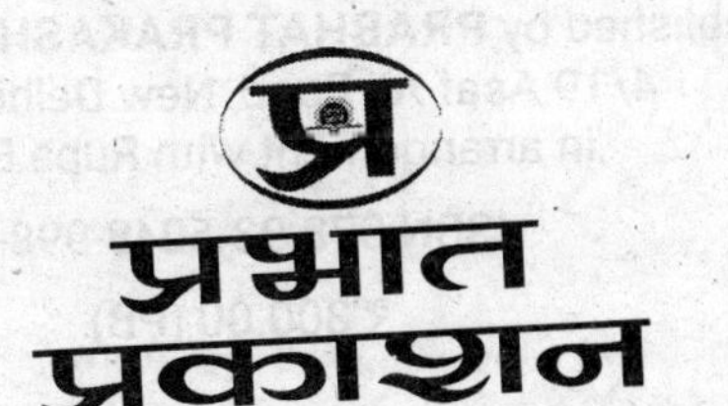

प्रकाशक

प्रभात प्रकाशन प्रा. लि.

4/19 आसफ अली रोड, नई दिल्ली–110002

फोन : 23289777 • हेल्पलाइन नं. : 7827007777

इ–मेल : prabhatbooks@gmail.com ❖ वेब ठिकाना : www.prabhatbooks.com

संस्करण

2025

अनुवाद

महेंद्र यादव

पेपरबैक मूल्य

तीन सौ रुपए

मुद्रक

नरुला प्रिंटर्स, दिल्ली

---★---

BHARAT BHAGYA VIDHATA
by Dr. A.P.J. Abdul Kalam

Published by **PRABHAT PRAKASHAN PVT. LTD.**
4/19 Asaf Ali Road, New Delhi-110002
in arrangement with Rupa Books

ISBN 978-93-5048-998-7

₹ 300.00 (PB)

विषय सूची

प्रस्तावना

राष्ट्र के लिए मतदान करें

20 मार्च, 2014 को मैं कुछ छात्रों को व्याख्यान देने और उनसे बातचीत करने पंजाब के रोपड़ में था। मैं बहुत सारे नौजवान लड़के-लड़कियों से मिला। जब मैं वहाँ पहुँचा तो विभिन्न राज्यों के कुछ छात्र-छात्राओं का एक समूह मेरे पास आया। उन्होंने मुझसे कहा कि उनका एक महत्त्वपूर्ण सवाल है और मुझे अपना भाषण व संवाद शुरू करने से पहले उसका जवाब देना चाहिए।

मेरे सामने यह प्रश्न रखा गया—'सर, हम देश भर में जहाँ कहीं जाते हैं, चाहे वह स्टडी टूर हो या पर्यटन या फुरसत का घूमना-फिरना हो, वहाँ हम स्थानीय युवाओं से बात करते हैं। उनमें से अनेक हमारी उम्र के होते हैं, अठारह साल और उससे ऊपर के। हम जब उनसे अपने मताधिकार के बारे में बात करते हैं तो उनमें से अधिकतर कहते हैं कि वे मतदान नहीं करेंगे, क्योंकि उन्हें लगता है कि मौजूदा नेताओं में से सांसद या विधायक बनकर हमारा नेतृत्व करने लायक कोई नहीं है। हमें भी ऐसा ही लगता है और हमने भी आगामी चुनावों में वोट न डालने का निश्चय किया है। सर, प्लीज, हमें बताइए कि क्या हमारा

यह निर्णय सही है?'

मैंने उनसे कहा, 'प्यारे दोस्तो, मैं आप लोगों से पूरी तरह से सहमत नहीं हूँ। अपनी 80 साल से अधिक की उम्र में मैंने कई संसदीय और विधानसभा चुनाव देखे हैं और हर बार मैंने सही लगनेवाले उम्मीदवार को मत दिया है। हर चुनाव में कुछ नए उम्मीदवार होते हैं और कुछ मौजूदा सांसद व विधायक भी चुनाव मैदान में फिर से उतरते हैं। आपको भी उम्मीदवारों के काम और समाज के प्रति उनके योगदान के आधार पर सर्वश्रेष्ठ उम्मीदवार को चुनना चाहिए। यह योगदान अकसर उनके संबंधित चुनाव क्षेत्र में दिख जाता है और इसके अलावा, संसद् एवं विधानसभा में भी उनके समग्र कामकाज का रिकॉर्ड रहता है। उनके कामकाज के बारे में जानकारी मीडिया और इंटरनेट के जरिए भी उपलब्ध रहती है। उम्मीदवार की उपलब्धियों के आधार पर आप आपस में चर्चा कर सकते हैं और सबसे अच्छा प्रदर्शन करनेवाले एवं सबसे साफ-सुथरे उम्मीदवार का चयन कीजिए तथा उस व्यक्ति के पक्ष में मत दीजिए।

"याद रखिए, आपका 'मताधिकार' बहुमूल्य है और उसका इस्तेमाल करना आवश्यक है। आपको संसद् या विधानसभा में अपना प्रतिनिधित्व करने के लिए सही व्यक्ति के चुनाव का बड़ा अवसर मिलता है। इसका अर्थ यह हुआ कि युवा नागरिक के रूप में आप केंद्र या राज्य में अच्छी सरकार बनाने में राष्ट्र की सहायता कर रहे हैं। अगर आप अपना वोट डालेंगे और सही उम्मीदवार चुनेंगे तो देश आपके प्रति आभारी होगा।"

इस पुस्तक को लिखने का उद्देश्य हमारे लोकतंत्र के सामने मौजूद चुनौतियों की पड़ताल करना और कुछ ऐसा समाधान निकालना है, जिसके जरिए हम सुशासन के रास्ते पर, भ्रष्टाचार खत्म करने के लिए और सच्चे सशक्त देश की ओर बढ़ सकें। मुझे आशा है कि इस

पुस्तक को पढ़ने के बाद हर युवा और हर नागरिक लोकतांत्रिक प्रक्रिया में पूरी भागीदारी के लिए प्रेरित होगा और उन्हें इसमें उन सारे सवालों के जवाब मिलेंगे, जो रोपड़, पंजाब के मेरे युवा दोस्तों ने मेरे सामने रखे थे।

□

मतदाता में विश्वास जाग्रत् करना

जीवन बहुत सारी बातों पर आधारित होता है

संसदीय लोकतंत्र

लोकतंत्र की परंपरा भारत के लिए अनजानी नहीं है। इस परंपरा का महत्त्व प्राचीन युग के हमारे इतिहास में देखा जा सकता है, जबकि सभाएँ और समितियाँ हमारे ग्राम गणराज्य में बहुत प्रतिष्ठित संस्थाएँ थीं और आज की लोकप्रिय प्रतिनिधि संस्थाओं की तर्ज पर ही काम करती थीं। यही कारण है कि स्वतंत्रता मिलने के बाद हमने उसी परंपरा को जारी रखने के लिए लोकतांत्रिक राजनीतिक प्रणाली चुनी, जो कि हमेशा हमारे बीच रहती आई है।

हमें विश्व के सबसे बड़े उन्नतशील संसदीय लोकतंत्र होने पर गर्व है। दुनिया को शायद भारतीय गतदाता की दूरदर्शिता और परिपक्वता पर अचरज होता है, जो कि हमेशा अपने मताधिकार का इस्तेमाल निष्ठापूर्वक व उत्साहपूर्वक करता है, जिससे बार-बार यह

साबित होता है कि लोग संप्रभु हैं और सत्ता उनके द्वारा ही संचालित होती है।

चुनाव और भारत के युवा

भारत जनसांख्यिकीय रूप से दुनिया के सबसे युवा राष्ट्रों में शुमार किया जाता है। हमारे देश में युवाओं की आबादी करीब 60 करोड़ है, जिसमें 16 करोड़ पंजीकृत मतदाता हैं। भविष्य में युवा मतदाताओं की संख्या उत्तरोत्तर बढ़नी ही है। इस परिदृश्य में यह सुनिश्चित करना जरूरी है कि युवा लोकतांत्रिक प्रक्रिया के अभिन्न और जोशीले अंग रहें। हम युवाओं को चुनावों में भागीदारी के लिए कैसे प्रेरित करें? हम उन्हें कैसे प्रेरित करें, जो तमाम कारणों से आमतौर पर वोट नहीं डालते?

भारत के युवा अपने निर्वाचित प्रतिनिधियों को संसद् या राज्य विधानसभा में उनके प्रदर्शन के आधार पर और उनकी जीवन-शैली के आधार पर उन्हें अपने रोल मॉडल के रूप में देखना चाहते हैं। निर्वाचित प्रतिनिधियों से वे निश्चित रूप से यह भी अपेक्षा करते हैं कि संसद् और राज्य विधानमंडलों में कामकाज में बाधा या रुकावट न बनें। उनके अनुसार, यह अकर्मण्यता व अपराध है। सबसे बड़ी बात, राष्ट्र के युवा चाहते हैं कि उनके प्रतिनिधि विकासपरक राजनीति के मिशन का अनुसरण करें।

इस संदर्भ में, मैं इस बात की पड़ताल करना चाहता हूँ कि हम अपनी चुनाव प्रक्रिया में किस तरह के बदलाव ला सकते हैं। हम उन अपेक्षाओं का भी आकलन करेंगे, जो हम निर्वाचित महिला-पुरुषों से करते हैं।

क्षेत्रवार घोषणा-पत्र

वर्ष 2008 में कर्नाटक विधानसभा के नवनिर्वाचित सदस्यों से भारतीय प्रबंधन संस्थान में हुई अपनी बातचीत के बारे में मैं आपको बताना चाहता हूँ। बातचीत से पहले मैंने विधायकों के लिए उनकी क्षेत्रवार विकास योजनाओं के बारे में एक प्रश्नावली तैयार की थी। इस प्रश्नावली को मीडिया ने काफी प्रचारित किया था और कहा था कि मुझे विधायकों से कोई खास उम्मीद नहीं करनी चाहिए। हालाँकि मेरे लिए यह प्रसन्नता की बात रही और मीडिया के लिए अचरज की बात रही कि मुझे सौ से ज्यादा सुविचारित व सुनियोजित उत्तर प्राप्त हुए और बातचीत से काफी पहले मुझ तक वे उत्तर मेरे पास पहुँच गए थे, जबकि मैंने उन्हें बहुत ज्यादा समय भी नहीं दिया था।

मैं वह प्रश्नावली यहाँ दे रहा हूँ।

1. ढाई और पाँच सालों में आप अपने चुनाव क्षेत्र में क्या परिवर्तन लाएँगे?
2. क्या अपने चुनाव क्षेत्र में 100 प्रतिशत साक्षरता हासिल करने के लिए आपके पास कोई योजना है? अगर है, तो उस योजना के बारे में बताएँ।
3. किस कौशल और विशेषज्ञता के बल पर आप अपने क्षेत्र के लोगों की प्रति व्यक्ति आय कम-से-कम दोगुनी करने के योग्य बनाएँगे?
4. क्या आपकी अपने क्षेत्र में कम-से-कम 1,00,000 पौधे लगवाने की योजना है?
5. आप अपने क्षेत्र के जल निकायों को कैसे फिर से सँवारेंगे और उनमें पानी आने-जाने के मार्ग को कैसे सक्रिय करेंगे?
6. आप अपने चुनाव क्षेत्र के प्रसाधन केंद्रों में पर्याप्त जलापूर्ति तथा उनके प्रबंधन की व्यवस्था कैसे करेंगे?

7. क्या अपने क्षेत्र में बहुफसल के लिए और बंजर भूमि में रतनजोत के पौधारोपण की कोई योजना है?
8. आप नवीनीकरण योग्य ऊर्जा स्रोतों के इस्तेमाल के जरिए अपने क्षेत्र को बिजली कटौती और बिजली की कमी से कैसे मुक्त कराएँगे?
9. क्या आप अपने चुनाव क्षेत्र के नागरिकों की शांतिपूर्ण और समृद्ध आजीविका के लिए राह बनाएँगे?

जब मैंने प्राप्त हुए सारे उत्तर देखे तो मैंने पाया कि विधायक अपने कार्यकाल में अपने क्षेत्रों के विकास के लिए तथा विकासपरक राजनीति के जरिए अंतर लाने के लिए इच्छुक थे। दूसरी ओर, किसी भी राजनीतिक दल ने अपने सदस्यों से चुनाव क्षेत्रवार ऐसे किसी प्रारूप के बारे में शायद ही कभी पूछा हो, सिवाय समय-समय पर लोगों से मिलनेवाले ज्ञापन के।

क्या निर्वाचन आयोग राजनीतिक दलों को यह सुझाव दे सकता है कि वे अपने समग्र घोषणा-पत्र में समयबद्ध लक्ष्यों के रूप में चुनाव क्षेत्रवार विकास योजनाओं को शामिल करें? इससे मतदाताओं को भी अपने क्षेत्रों में विकास योजनाओं और जरूरतों के आधार पर अपना निर्णय लेने में मदद मिलेगी।

चुनाव खर्च सरकार वहन करे

कर्नाटक विधानसभा के सदस्यों से उसी बातचीत में मैंने सभी को यह शपथ दिलवाई—

विधायकों के लिए शपथ

1. मुझे उच्च परंपरावाली कर्नाटक विधानसभा/विधानपरिषद् का सदस्य होने पर गर्व है।

2. मेरे चुनाव क्षेत्र के नागरिकों का कल्याण और सुख हमेशा मेरे लिए सबसे पहले और हर समय रहेगा।
3. मैं अपने चुनाव क्षेत्र को पूर्ण साक्षर, स्वस्थ, सशक्त, सुखी और निर्धनता-मुक्त बनाने के लिए कड़ा परिश्रम करूँगा।
4. मैं धर्म, भाषा, जाति या नस्ल के आधार पर अपने चुनाव-क्षेत्र में किसी तरह का भेदभाव नहीं होने दूँगा।
5. मैं अपने सारे कार्यों में पारदर्शिता बरतूँगा और अपने क्षेत्र के नागरिकों के लिए आदर्श बनूँगा।
6. मैं अपने चुनाव क्षेत्र के नागरिकों की सफलता पर खुशी मनाऊँगा।
7. मेरा चुनाव क्षेत्र मेरा जीवन है। मेरा राज्य और देश मेरी आत्मा है।
8. मैं ईमानदारी से कार्य करूँगा और ईमानदारी के आधार पर सफल रहूँगा।

यह शपथ दिलाने के बाद मैंने सारे सदस्यों से प्रश्न करने को कहा। एक युवा सदस्य ने पूछा, 'डॉ. कलाम, हम सभी ने अभी शपथ ली है और ईमानदारी से काम करने और ईमानदारी से सफल होने का वचन दिया है। यह सब तो ठीक है, हम ऐसा करने का प्रयास करेंगे; लेकिन क्या आपको पता है कि विधायक बनने के लिए मैंने कितना खर्चा किया है?'

मेरे पास कोई जवाब नहीं था, इसलिए वह बोलता गया, '80 लाख रुपए।' इसके बाद उसने मुझसे पूछा, 'मैं ईमानदारी से कैसे काम कर सकता हूँ और कैसे सफल हो सकता हूँ?'

उसके प्रश्नों का मेरे पास उस समय सिर्फ एक ही जवाब था कि उम्मीदवारों का चुनाव खर्च सरकार वहन करे और खातों की छानबीन निर्वाचन आयोग करे। हालाँकि, वर्तमान व्यवस्था में क्या यह व्यावहारिक होगा, जहाँ हर चुनाव क्षेत्र में औसतन चौदह उम्मीदवार होते हैं? ऐसे

में क्या हमें द्वि-दलीय व्यवस्था के बारे में गंभीरता से सोचने की जरूरत है?

द्वि-दलीय प्रणाली

यहाँ मुझे कुछ सुझाव याद आ रहे हैं, जो मैंने वर्ष 2007 में अपना राष्ट्रपति का कार्यकाल पूरा होने पर हुए विदाई समारोह में माननीय सांसदों को दिए थे। मैंने कहा था कि भारत को आखिरकार द्वि-दलीय राजनीतिक प्रणाली की ओर बढ़ना होगा। उस सुझाव की बहुत आलोचना हुई थी और किसी भी राजनीतिक दल ने उसे पसंद नहीं किया था। मेरा आशय था कि इस प्रणाली के तहत दो स्पष्ट रूप से परिभाषित चुनाव पूर्व गठबंधन हों और सभी घटक दलों की सहमति से एक स्पष्ट विकास एजेंडा हो, जिस पर इलेक्ट्रॉनिक मीडिया पर सार्वजनिक बहस हो।

हम देख रहे हैं कि देश के किसी-न-किसी हिस्से में कोई-न-कोई चुनाव होते ही रहते हैं। मेरा सुझाव था कि चुनावों पर खर्च होनेवाले समय और संसाधनों की बचत के लिए राज्य विधानसभाओं के चुनाव और लोकसभा चुनाव एक साथ कराए जाएँ, ताकि सभी निर्वाचित प्रतिनिधियों को चुनाव क्षेत्र के समन्वित रूप से विकास करने के लिए समय मिल सके।

निस्संदेह, इन सुझावों पर राजनीतिक दलों की मिली-जुली प्रतिक्रिया रही। हमें इस पर और अधिक विचार तथा बहस करने की जरूरत है कि कैसे एक चुनाव-तंत्र का विकास किया जाए, जिससे एक स्थायी सरकार बने, जो लोगों की आकांक्षाओं को पूरा करे और देश को विकास की ओर ले जा सके।

हमें लोकतांत्रिक प्रक्रिया के आनुपातिक प्रतिनिधित्व जैसे विभिन्न स्वरूपों का अध्ययन और विश्लेषण भी करना पड़ेगा, ताकि लोग अपने

प्रतिनिधियों को चुनने के लिए उत्साहपूर्वक भागीदारी करें और अगर वे ठीक काम न करें तो उन्हें वापस भी बुला सकें।

मतदान प्रक्रिया का सरलीकरण

देश में सूचना प्रौद्योगिकी और संचार अधोसंरचना के तेजी से विकास होने के साथ ही समय आ गया है कि हम इस पर विचार करें कि किस तरह से प्रौद्योगिकी को सुरक्षित तंत्रों से जोड़ा जाए, ताकि मतदान प्रक्रिया को सरल बनाया जा सके। हर नागरिक के लिए विशिष्ट पहचान संख्या जारी करके निर्वाचन आयोग इंटरनेट/मोबाइल आधारित मतदान प्रक्रिया के तंत्र की संभावना पर विचार कर सकता है, जिसमें चूक और खामी न हो। इसके अलावा, हर दो भारतीयों के बीच तकरीबन एक मोबाइल फोन की उपलब्धता को देखते हुए हम प्रौद्योगिकी का इस्तेमाल करके सुरक्षित व विश्वसनीय मोबाइल आधारित वोटिंग का तंत्र भी विकसित कर सकते हैं।

मुझे विश्वास है कि इस तरह प्रौद्योगिकी के इस्तेमाल से न केवल खर्चे की बचत होगी, बल्कि इससे भागीदारी को भी व्यापक किया जा सकेगा और सुरक्षा, गोपनीयता तथा पारदर्शिता को प्रोत्साहन मिल सकेगा। इ–मेल, आई.वी.आर.एस. (इंटरएक्टिव वॉइस रेस्पॉन्स सिस्टम) आधारित मंच या एस.एम.एस. (शॉर्ट मैसेजिंग सर्विस), एम.एम.एस. (मल्टी मीडिया सर्विस) तथा सोशल मीडिया जैसे तंत्रों के इस्तेमाल से यही प्रौद्योगिकी उम्मीदवारों तथा उनके कामकाज के बारे में जानकारी आसानी से हासिल करने के काम आ सकती है।

सांसदों की भूमिका

लोकतंत्र में संसद् निर्णायक संस्था होती है। हालाँकि, इसे लोकतंत्र का प्रखर व प्रगतिशील किला बनाने के लिए इसे फिर से सशक्त बनाना

होगा। ऐसे में सांसदों की भूमिका बहुत महत्त्वपूर्ण हो जाती है और यह आवश्यक है कि संसद् सदस्य उन आकांक्षाओं एवं आदर्शों को पूरा करें, जिनके लिए उन्हें चुना गया है।

कई बार हमारी मतदान प्रक्रिया पर कई तरह के दबाव पड़ते हैं और कुछ घातक घटनाएँ भी हो जाती हैं। बहुमत जुटाने की बाध्यता तथा विधायकों-सांसदों की कथित खरीद-फरोख्त के कारण शायद सीटें अनुचित और अलोकतांत्रिक तरीके से जीती जाती हैं। इससे लोगों की निगाह में हमारी लोकतांत्रिक प्रणाली के बारे में संदेह पैदा होते हैं। जब राजनीति का पतन राजनीतिक लापरवाही के रूप में हो जाता है तो देश आपदा और तबाही के अनर्थकारी रास्ते पर चल निकलता है। हमें खतरा मोल नहीं लेना चाहिए। समय आ गया है कि हम सभी आत्म-निरीक्षण करें और उन अपेक्षाओं को पूरा करें, जो हमारे संविधान में कड़ी मेहनत से और आशावादी रूप में निहित की गई थीं, ताकि भारत अपने को कायम रख सके और परिपक्व, स्वस्थ, उत्साहपूर्ण व लोकतांत्रिक राष्ट्र के रूप में बढ़ सके।

हमारे संसद् सदस्यों के हर कार्य से हमारे देश के 25 वर्ष से कम उम्र के 60 करोड़ युवाओं को प्रेरणा मिलनी चाहिए। वे ऐसे महान् नेता होने चाहिए, जो उनके अ. र्श बन सकें और राजनीति में गतिशील परिवर्तन ला सकें तथा विकासपरक चनाओं को पूरा कर सकें। सांसदों का कर्तव्य है कि वे अपने मतदाताअ। की अपेक्षाओं पर खरे उतरें। देश का प्रगति के पथ पर ऊपर बढ़ना तब तक सुनिश्चित नहीं किया जा सकता, जब तक कि हम अपने राष्ट्र को स्वयं से ऊपर न रखें।

संसद् को विकासोन्मुखी अर्थव्यवस्था में अड़चन खड़ी करनेवाले पुराने जटिल कानूनों और प्रशासनिक प्रक्रिया की पहचान करने तथा उन्हें हटाने का मिशन अपनाना होगा। इससे जनता के बड़े तबके के मन में उम्मीद जगेगी। लोगों को अपने नेताओं में विश्वास बढ़ाने की

जरूरत है और केवल सांसद ही यह बदलाव ला सकते हैं। उनका नाम भारत के इतिहास के विशिष्ट पृष्ठों पर लिखे जाने का इंतजार कर रहा है।

हमें अपने आपको और दुनिया के सामने अपनी राजनीति में हासिल परिपक्वता को दिखाना होगा और बताना होगा कि हम अपने देश के टिकाऊ विकास के लिए इसका किस तरह से इस्तेमाल कर सकते हैं। हम ऐसे भारत के निर्माण के लिए जुटेंगे, जो कि जीवंत हो, सजग हो, सुरक्षित हो और पंथनिरपेक्ष हो। मुझे विश्वास है कि यह सब हमारी क्षमता के अंदर है और हम सचमुच इसके लिए प्रयास करें तो इस लक्ष्य को हासिल कर सकते हैं।

□

सुशासन में युवाओं की भूमिका

अगर हम अलग तरह से बात नहीं कर सकते
तो हम अलग तरह से सोच नहीं पाएँगे।

—टोनी जूडिट

भारत के प्रिय युवा लोगो, मैं आप लोगों के सामने कुछ प्रश्न रखना चाहता हूँ। अगर आप इन चारों प्रश्नों का उत्तर देने और इनके पीछे के सिद्धांत को समझ जाते हैं तो आप सारे कार्यों में सफल होंगे। और अगर आप सफल हुए तो भारत विकसित राष्ट्र बन पाने में सफल होगा, जहाँ सुशासन सभी नागरिकों के लिए उपलब्ध होगा।

चारों प्रश्न इस प्रकार हैं—

1. आप एक बच्चे को नेता के रूप में कैसे बदलेंगे?
2. आप बीजों को बड़े मिशन के रूप में विकसित होने में मदद करने के लिए उनका पोषण कैसे करते हैं?
3. आप अपने अंदर की विशिष्टता को कैसे पहचानेंगे?
4. सफलता हासिल करने का मापदंड क्या है?

मुझे स्वामी विवेकानंद की प्रेरक सलाह याद आती है—

दुनिया के सारे ज्ञान को मानसिक शक्ति के एकाग्र करने से कैसे हासिल किया जा सकता है? अगर हम दरवाजा खटखटाएँ तो दुनिया अपने सारे रहस्य उजागर करने को तैयार है। इसके लिए आवश्यक झटका कैसे दिया जाए। झटके की शक्ति और बल एकाग्रता से आती है। मानव मस्तिष्क की शक्ति की कोई सीमा नहीं है। यह जितनी ज्यादा एकाग्र होगी, उतनी ही ज्यादा शक्ति एक जगह इकट्‌ठी होगी : यही रहस्य है।

इस विचार ने सचमुच मेरी चेतना को प्रभावित किया और मेरा सुझाव है कि शिक्षा-प्रणाली नौजवानों के मन-मस्तिष्क में इस शक्ति विश्वास का विकास करे। साथ ही, भारत के युवा भी अपने कार्यों में इस पर अमल करें।

इतिहास ने साबित किया है कि असंभव की कल्पना करने का साहस करनेवाले वे ही लोग हैं, जो सारी मानवीय सीमाएँ तोड़ देते हैं। मानव उद्यम के हर क्षेत्र में, चाहे वह विज्ञान हो, चिकित्सा हो, खेल हो, कला हो या प्रौद्योगिकी हो, उन्हीं लोगों के नाम हमारे इतिहास में दर्ज हुए हैं, जिन्होंने असंभव की कल्पना की और महानता हासिल की। अपनी कल्पना की सीमा तोड़कर उन्होंने दुनिया बदल दी।

नेतृत्व का गुण

हममें से हरेक बचपन से लेकर पेशेवर जीवन तक शिक्षा के विभिन्न चरणों से गुजरा होगा। चलिए, ऐसे दृश्य की कल्पना करते हैं, जहाँ एक बच्चा, एक किशोर, एक प्रौढ़ और एक नेता हो। किसी खास स्थिति में इनकी प्रतिक्रियाएँ क्या होंगी? स्थिति मानवीय आवश्यकता की है। बच्चा पूछता है, 'आप मेरे लिए क्या कर सकते हैं?' किशोर कहता है, 'मैं इसे अकेले ही करना चाहता हूँ।' प्रौढ़ का दावा होता है, 'चलो, इसे मिलकर करते हैं।' नेता पूछता है, 'मैं आप

लोगों के लिए क्या कर सकता हूँ?'

सवाल यही है, जो मैंने आप लोगों से सबसे पहले पूछा था कि हम किसी बच्चे को नेता के रूप में कैसे बदलेंगे। 'आप मेरे लिए क्या कर सकते हैं?' को 'मैं आप लोगों के लिए क्या कर सकता हूँ?' में बदलना है। हमारे समाज में, घर से लेकर स्कूल तथा कार्यस्थल तक, चुनौती यही है कि हमें हर स्तर पर स्वप्नदर्शी व दूरदृष्टि वाले नेताओं की जरूरत है, जिनके पास दूसरों को प्रेरित करने की क्षमता हो। हमें इसके लिए अपने युवाओं के अंदर के सर्वोत्तम को निकालने की जरूरत है। एक नेता अच्छा शिक्षक भी होता है। मुझे विश्वास है कि हमारे युवाओं की रचनाशीलता और समर्पण अभिभावकों, शिक्षकों और जीवन के सभी क्षेत्रों के नेताओं के सम्मिलित प्रयासों से उभरकर आएँगे।

बीजों का पालन-पोषण

मुझे वर्ष 2001 की एक घटना याद आती है। मैं चेन्नई के अन्ना विश्वविद्यालय में 'प्रौद्योगिकी के जरिए सामाजिक परिवर्तन' पर पाठ्यक्रम पढ़ा रहा था। मुझे चेन्नई के प्रेसीडेंसी कॉलेज के छात्र-छात्राओं ने संवाद के लिए आमंत्रित किया था। जब मैं वहाँ पहुँचा तो मुझे 1,500 से ज्यादा छात्र-छात्राएँ हॉल में दिखे। मंच तक पहुँचने में बहुत मुश्किल आई। अपना व्याख्यान 'विचारों से देश का उत्थान' खत्म करने के बाद छात्र-छात्राओं ने मुझसे अनेक सवाल किए, जिनके मैंने उत्तर दिए। जब मैं हॉल से जाने लगा तो एक युवा छात्र अचानक भीड़ में से निकलकर आगे आया और उसने मेरे हाथ में मुड़ा-तुड़ा कागज थमा दिया। मैंने वह कागज अपनी जेब में रख लिया और अन्ना विश्वविद्यालय लौटते समय अपनी कार में उसे पढ़ा।

उस पत्र में दिए गए संदेश को पढ़कर मेरा दिल उछल पड़ा। उसे प्रेसीडेंसी कॉलेज में एम.फिल. कर रहे टी. सरवनन ने लिखा था। मैं

उस पत्र का मजमून आप लोगों के सामने रखना चाहता हूँ, क्योंकि हम जिस विषय की चर्चा कर रहे हैं, उसमें यह प्रासंगिक है।

पत्र इस प्रकार से था—

आदरणीय कलाम सर,

बरगद के पेड़ की पूरी शक्ति उस पेड़ के बीजों की शक्ति के बराबर है। इस तरह से हम दोनों, आप और मैं, समान हैं; लेकिन हम अपनी प्रतिभाओं को अलग-अलग रूपों में प्रस्तुत करते हैं। कुछ बीज बरगद का पेड़ बन जाते हैं, लेकिन बहुत सारे पेड़ पौधे के रूप में ही मर जाते हैं और कभी पेड़ नहीं बन पाते। निश्चित परिस्थितियों और पर्यावरणीय स्थितियों के कारण कई बीजों को नुकसान पहुँचता है और वे मिट्टी में मिलकर खाद बन जाते हैं और नए बीजों को पेड़ बनने में मदद करते हैं। आपने देश के लिए कार्य किया है और अनेक वैज्ञानिकों, इंजीनियरों व ज्ञानकर्मियों की मदद की है। क्या आप बता सकते हैं कि आप यह कैसे सुनिश्चित करते हैं कि उनकी योग्यताएँ बरबाद न हों या उनका विकास अपरिपक्वावस्था में ही अवरुद्ध न हो जाए, उन बरगद के बीजों की तरह, जो कभी पेड़ नहीं बन पाए? अपने सेवाकाल में आप कितने प्रतिशत सफलता का दावा करते हैं?

मैंने सरवनन का उचित रूप से जवाब दिया और बताया कि मुझे उसका पत्र पढ़कर कितना आनंद मिला। चूँकि वह सफलता का प्रतिशत जानना चाहता था, इसलिए मैंने उत्तर दिया कि सफलता का प्रतिशत कम-से-कम 60 तो रहा ही होगा। हालाँकि, यह 60 प्रतिशत उन 100 प्रतिशत में से निकला है, जिन्होंने परियोजनाओं में काम किया। इसके बावजूद कि विभिन्न परिस्थितियों के कारण कुछ अपनी पूरी क्षमता नहीं दिखा पाए, लेकिन हरेक का योगदान मूल्यवान् और स्वागत योग्य

था—पेड़ों के रूप में जो बीज बड़े नहीं हो पाए, उनका योगदान नए पेड़ों के विकास में महत्त्वपूर्ण रहा।

मैं जो संदेश देना चाहता हूँ, वह यह है—बरगद के बीज किसी राष्ट्र के नागरिकों की तरह ही हैं। लोकतंत्र और सुशासन में अपने हर नागरिक को विकसित होने और काम करने के समान अवसर उपलब्ध कराने की क्षमता होती है, ताकि वे खुद अपने पेड़ बन सकें। इस तरह से हर नागरिक के अंदर अपने देश के लिए किसी-न-किसी तरह से योगदान करने की क्षमता होती है और इस प्रक्रिया में कुछ की सफलता में वे योगदान करते हैं। और यह गुणोत्तर अनुपात में बढ़ सकता है, जिसके परिणामस्वरूप भारतीय राष्ट्र की सफलता हासिल हो सकती है, ऐसी सफलता, जिसमें सभी भारतीय नागरिक शामिल हों। आइए, हर बीज का पोषण करते हैं। हालाँकि, खाद बन जानेवाले बीजों को पेड़ बन जानेवाले बीजों से किसी तरह से कमतर नहीं समझना चाहिए।

आप ही अद्वितीय हैं

आप जिस कमरे में बैठे यह किताब पढ़ रहे हैं, उसके चारों ओर देखिए, आपको क्या दिखता है? रोशनी, बिजली के बल्ब। तुरंत ही आपके मन में थॉमस एल्वा एडीसन का खयाल आता है, जिसने बिजली के बल्ब और बिजली के प्रकाश-तंत्र का आविष्कार किया था।

जब आप अपने घर के ऊपर से उड़ रहे किसी हवाई जहाज की आवाज सुनते हैं तो आपके मन में क्या आता है? राइट ब्रदर्स, बिलकुल सही। उन्होंने ही साबित किया था कि मनुष्य उड़ सकता है।

जब हर कोई समुद्र पार जाने को समुद्री यात्रा के रूप में ही सोच सकता था, तब एक व्यक्ति ने समुद्र के रास्ते इंग्लैंड से भारत आते समय एक महत्त्वपूर्ण प्रश्न किया। उसने सोचा कि आकाश और समुद्र को मिलानेवाले क्षितिज का रंग नीला क्यों होता है। उसके शोध

का नतीजा प्रकाश के विकिरण के तंत्र का अभूतपूर्व कार्य रहा। और इसके लिए सर चंद्रशेखर वेंकट रमन को नोबेल पुरस्कार से सम्मानित किया गया।

क्या आप किसी ऐसे भारतीय गणितज्ञ का नाम बता सकते हैं, जिसके पास औपचारिक उच्च शिक्षा तक नहीं थी, लेकिन उसकी अदम्य भावना और गणित के प्रति प्रेम ने गणितीय शोध में बड़ा भारी योगदान किया? उस गणितज्ञ का नाम था श्रीनिवास रामानुजन, जिसके लिए हर अंक एक दैवी स्वरूप था। वे बहुत ही मेधावी थे और उनके कार्य ने कैंब्रिज के सबसे विशिष्ट गणितज्ञ प्रोफेसर जी.एच. हार्डी का दिल जीत लिया था। वास्तव में, यह कहना अतिशयोक्ति नहीं होगी कि रामानुजन के गुरु प्रोफेसर हार्डी ने ही दुनिया के सामने एक महान् गणितज्ञ को प्रस्तुत किया था।

एक महान् वैज्ञानिक महिला हुई, जिसे विकिरण की खोज के लिए याद किया जाता है। उसने एक नहीं, बल्कि दो-दो नोबेल पुरस्कार जीते—एक भौतिक- शास्त्र के लिए और दूसरा रसायन-शास्त्र के लिए। वह कौन थी? उसका नाम था मैडम क्यूरी। उन्होंने रेडियम की खोज की थी और कई सालों तक उन्होंने मानवीय तंत्र पर विकिरण के प्रभावों पर शोध किया था। उसी विकिरण की वे खुद शिकार हो गईं और उन्होंने अपने जीवन का बलिदान कर दिया।

मानवता की सेवा के लिए एक और समर्पित महान् व्यक्ति था, जिसे नोबेल शांति पुरस्कार से सम्मानित किया गया। उसका आदर्श वाक्य था, 'देते रहो, देते रहो और देते रहो, जब तक कि दुखने न लगे।' वह मदर टेरेसा थीं।

मैं यह उदाहरण क्यों दे रहा हूँ? देश भर की यात्राओं में अब तक मैं करीब 1 करोड़ 70 लाख युवाओं से मिल चुका हूँ। मैंने पाया है कि हर युवा विशिष्ट बनना चाहता है। हर व्यक्ति में विज्ञान या

कला या समाज की दुनिया को बदल देने की क्षमता और आकांक्षा होती है। आप आप बनना चाहते हैं! लेकिन आपके आस-पास की दुनिया दिन--रात भरसक प्रयास करती है कि आप अन्य लोगों की तरह ही बने रहें। घर में आपसे आपके माता-पिता अन्य बच्चों की तरह बनने और अच्छे अंक लाने को कहते हैं। जब आप स्कूल जाते हैं तो आपके शिक्षक कहते हैं कि आपको टॉप करना चाहिए। आप जहाँ कहीं जाते हैं, लोग यही कहते रहते हैं कि आपको किसी अन्य की तरह होना चाहिए। हालाँकि प्रिय युवा मित्रो, आप में से कितने हैं, जो विशिष्ट रूप से आप ही बनना चाहते हैं?

मैंने जिन महान् लोगों के उदाहरण अभी दिए हैं, उनकी तरह और उनकी तरह के अन्य लोगों की तरह, चुनौती यह है कि आपको सबसे कठिन लड़ाई लड़नी होती है, जो किसी मनुष्य ने पहले नहीं लड़ी होगी और जब तक आप अपनी मंजिल पर न पहुँच जाएँ, आपको लड़ना बंद नहीं करना है : यही आपका स्वयं बनना होगा।

अपनी सामर्थ्य को कैसे हासिल करें

आप अपनी आकांक्षाएँ कैसे पूरी कर सकते हैं और कैसे अपनी क्षमता सामने ला सकते हैं? इसके लिए चार पूर्व सिद्ध कदम हैं—

- बीस वर्ष की उम्र का होने से पहले अपने जीवन का एक लक्ष्य हो;
- निरंतर ज्ञान अर्जित करें;
- कड़ा परिश्रम, हर समस्या को परास्त करने और सफल होने का लक्ष्य रखें, चाहे समस्या कोई भी हो;
- महान् कार्य कर सकने की पर्याप्त इच्छा-शक्ति और विश्वास हो।

इस संबंध में मुझे तेरहवीं सदी के सूफी संत जलालुद्दीन रूमी की ये पंक्तियाँ याद आती हैं—

मैं क्षमता के साथ पैदा हुआ हूँ,
मैं अच्छाई और विश्वास के साथ पैदा हुआ हूँ,
मैं विचारों और सपनों के साथ पैदा हुआ हूँ,
मैं महानता के साथ पैदा हुआ हूँ,
मैं विश्वास के साथ पैदा हुआ हूँ,
मैं पंखों के साथ पैदा हुआ हूँ,
इसलिए, मैं रेंगने के लिए नहीं बना,
मेरे पास पंख हैं, मैं उड़ूँगा
मैं उड़ूँगा और उड़ जाऊँगा।

मेरे युवा मित्रों को मेरा संदेश है कि शिक्षा आपको उड़ने के लिए पंख देती है। उपलब्धियाँ तब हासिल होती हैं, जब आपकी चेतना और अवचेतन मन को विश्वास हो जाता है—'मैं जीतूँगा'।

आपमें से प्रत्येक के पास 'अग्निपंख' होने चाहिए। ये पंख आपको ज्ञान की ओर ले जाएँगे, जो बदले में आपको ऊँची उड़ान देंगे—डॉक्टर, इंजीनियर, वैज्ञानिक, शिक्षक, राजनेता, अधिकारी, राजनयिक या जो भी आप बनना चाहते हैं, बनाएँगे।

अगर आपमें से प्रत्येक के अंदर 'मैं क्या दे सकता हूँ' का दृष्टिकोण विकसित होता है, तो राष्ट्र का कायाकल्प हो जाएगा। आप यह कैसे कर सकते हैं? आप क्या दे सकते हैं? आपमें से प्रत्येक तीन चीजें दे सकता है, जिसके लिए आपको धन की जरूरत नहीं पड़ेगी।

- अगर हम अपने घरों से बाहर जाते हैं—चाहे शहर हो या गाँव—हमें ऐसे कई समूह मिलेंगे, जहाँ स्त्री-पुरुष पढ़ना-लिखना नहीं जानते। अगर हममें से प्रत्येक इन घरों में जाने और दो से तीन माह के अंदर दस-दस लोगों को लिखना-

पढ़ना सिखाने का मिशन हाथ में ले, तो हम सीखने की प्रक्रिया के जरिए समाज को कुछ वापस लौटा सकते हैं।

- अपने घर या कार्यस्थल या पार्क में हम दस-दस पेड़ लगा सकते हैं और उनकी देखभाल कर सकते हैं। आपको समझना होगा कि एक पूर्ण विकसित पेड़ प्रकाश संश्लेषण की प्रक्रिया के जरिए एक साल में 14 किलोग्राम ऑक्सीजन देता है और 20 किलोग्राम कार्बन डाइऑक्साइड अवशोषित करता है। इस प्रकार हम सुंदर और प्रदूषण-मुक्त पर्यावरण की रचना में सहयोग कर सकते हैं।
- हर सरकारी अस्पताल में, हम देखते हैं कि मिलने के समय में मरीजों के पास बहुत सारे रिश्तेदार और मित्र आते हैं। हालाँकि कुछ बूढ़े मरीज या असहाय मरीज भी होंगे, जिनकी देखभाल करनेवाला कोई नहीं होता, जो अकेले होते हैं, उनसे मिलने कोई नहीं आता। अगर आप फल-फूल लेकर ऐसे मरीजों के पास मुसकराते हुए जाएँ, तो ईश्वर का प्यार आपके जरिए उन तक पहुँचेगा।

निस्संदेह, आपमें से कई लोगों को धनी होने का भी सौभाग्य मिला होगा। यहाँ मैं एक महान् व्यक्ति के जीवन की कहानी आपको बताना चाहूँगा, जो सिर्फ देता ही रहा, देता ही रहा। सन् 2007 में मुझे सिद्धगंगा मठ के श्री श्री शिवकुमार स्वामीजी के सौवें जन्मदिवस समारोह के उद्घाटन का व्यक्तिगत रूप से आमंत्रण मिला था। जब मैं वहाँ पहुँचा, तो मुझे वहाँ लाखों श्रद्धालुओं की भारी भीड़ दिखी, जो संत का स्वागत करने के लिए जमा हुई थी। अनेक राजनेता और आध्यात्मिक गुरु भी वहाँ उपस्थित थे। सब नेताओं के बोलने के बाद श्री श्री शिवकुमार स्वामीजी बिना कोई कागज लिये उठे और बिना तैयारी के भाषण देने लगे। मैं वह दृश्य देखकर चमत्कृत था। एक सौ वर्ष का वृद्ध साधु सीधा खड़ा था, बिना

तैयारी के भाषण दे रहा था। मैंने अपने आपसे पूछा कि यह कैसे संभव हुआ? यह इस कारण हो सका, क्योंकि वे शैक्षणिक संस्थाओं, अनेक अनाथालयों की स्थापना करके तथा हजारों जरूरतमंदों को हर दिन भोजन करवाकर, लगातार देते और देते ही रहे हैं। सामाजिक-आर्थिक सेवा का तथा निरक्षरता और भेदभाव की बुराइयाँ मिटाने के उनके अथक प्रयासों से क्षेत्र के अनेक लोगों का उत्थान हुआ। भारत क्या है, यह हम तभी महसूस कर पाएँगे, जब हमारे युवा प्रेरित, शिक्षित और सशक्त हों।

हमारे विचारों का भारत

- ऐसा राष्ट्र, जहाँ शहरी और ग्रामीण इलाकों में अंतर बहुत क्षीण हो।
- ऐसा राष्ट्र, जहाँ बिजली और पानी का पर्याप्त तथा समान वितरण हो।
- ऐसा राष्ट्र, जहाँ कृषि, उद्योग और सेवा क्षेत्र मिलकर काम करें।
- ऐसा राष्ट्र, जहाँ सामाजिक या आर्थिक भेदभाव के कारण किसी योग्य विद्यार्थी को शिक्षा से वंचित न किया जाता हो।
- ऐसा राष्ट्र, जो प्रतिभाशाली विद्यार्थियों, वैज्ञानिकों और निवेशकों की पहली पसंद हो।
- ऐसा राष्ट्र, जहाँ सर्वोत्तम स्वास्थ्य चिकित्सा सबके लिए उपलब्ध हो।
- ऐसा राष्ट्र, जहाँ शासन जवाबदेह, पारदर्शी और भ्रष्टाचार-मुक्त हो।
- ऐसा राष्ट्र, जहाँ गरीबी का पूरी तरह से उन्मूलन हो चुका हो, निरक्षरता मिट चुकी हो, महिलाओं तथा बच्चों पर अत्याचार बिलकुल न होते हों और समाज में कोई भी अलग-थलग

महसूस न करता हो।

- ऐसा राष्ट्र, जो समृद्ध, स्वस्थ, सुरक्षित हो, आतंकवाद से मुक्त हो, शांतिपूर्ण और सुखी हो, और स्थायी विकास के पथ पर अग्रसर हो।
- ऐसा राष्ट्र, जो दुनिया में रहने लायक सबसे अच्छी जगह हो, और जिसे अपने नेतृत्व पर गर्व हो।

मेरा सुझाव है कि हम में से प्रत्येक ऊपर बताए दस बिंदुओं में से अपनी पसंद और मूल क्षमता का कोई भी महत्त्वपूर्ण कार्य चुने और इस स्वप्न के कुछ हिस्से को साकार करने के लिए काम करे।

विकसित भारत के लिए समेकित कार्य

हमारा मिशन भारत को विकसित राष्ट्र में बदलना और भारत को विशिष्ट पहचान दिलाना है। पाँच क्षेत्र ऐसे हैं, जिनमें भारत को मूल क्षमता की जरूरत है—

- कृषि और खाद्य प्रसंस्करण,
- शिक्षा और स्वास्थ्य सेवा,
- सूचना और संचार प्रौद्योगिकी,
- अधोसंरचना—विश्वसनीय और गुणवत्तापूर्ण विद्युत् ऊर्जा, सड़क परिवहन तथा
- महत्त्वपूर्ण प्रौद्योगिकी में आत्मनिर्भरता।

ये पाँचों क्षेत्र निकटता से अंतर्संबंधित हैं और इनकी समन्वित उन्नति से खाद्य, आर्थिक स्थायित्व और हमारे राष्ट्र की सुरक्षा के क्षेत्र में आत्मनिर्भरता का रास्ता साफ होगा।

इसे साकार करने के लिए हमारे युवाओं को समावेशी शासन पर ध्यान एकाग्र करना होगा। अब मैं इस पर बात करता हूँ कि हमारे युवा किस तरह से समावेशी शासन उपलब्ध कराने में सहयोग कर सकते हैं।

अरबों लोगों के लिए सुशासन

मित्रो, सुशासन सुशासन की पहचान, यह लोगों की जरूरतों के प्रति कितना अग्रसक्रिय और जवाबदेह है तथा लोगों को नैतिक रूप से उच्च, बौद्धिक रूप से श्रेष्ठ, एवं बेहतर श्रेणी का जीवन जीने में किस तरह से लोगों की मदद करता है। यह ज्ञानार्जन से संभव है। परिणामस्वरूप यह सभी भारतीय नागरिकों के जीवन की गुणवत्ता के समग्र विकास की ओर ले जाता है।

मुझे लगता है कि हमें नॉलेज ग्रिड, हेल्थ ग्रिड और इ-गवर्नेंस ग्रिडवाले सोसाइटल ग्रिड बनाने की जरूरत है, जो समग्र विकास हासिल करने के लिए पुरा (PURA) (प्रोवाइडिंग अर्बन एमेनिटीज टू रूरल एरियाज) ग्रिड से जुड़ा हो।

नॉलेज ग्रिड सारे नागरिकों को लोकतांत्रिक तरीके से उचित ज्ञान उपलब्ध कराएगा, उन्हें सशक्त बनाएगा और इस तरह से ज्ञान समाज की स्थापना सुनिश्चित करेगा।

हेल्थ ग्रिड सुनिश्चित करेगा कि स्तरीय स्वास्थ्य सुविधाएँ जरूरतमंद लोगों तक पहुँचें, जीवन-स्तर समृद्ध हो और व्यक्तिगत उत्पादकता में वृद्धि हो, जो बदले में राष्ट्र को तेजी से विकास करने में सहायता करेगा।

इ-गवर्नेंस ग्रिड प्रमात्रा में कोई कमी अथवा सेवा के स्तर में किसी तरह की गिरावट के बिना सरकारी सेवाओं के सभी लोगों तक समान रूप से पहुँचने में पारदर्शिता सुनिश्चित करेगा।

अगर ये ग्रिड एक-दूसरे की सहायता करते हैं, तो इससे पुरा (PURA) ग्रिड की सेवाओं का स्तर सुधरेगा, जिससे 600,000 गाँव जुड़े होते हैं। जब गाँव सशक्त होंगे तो अंततः हम समावेशी विकास कर सकते हैं।

सशक्त गाँवों से अच्छा और चुस्त शासन सुनिश्चित किया जा

सकेगा। हमारे देश में दिखनेवाली सफलता से मुझे यह विश्वास हुआ है कि सोसाइटल ग्रिड मॉडल की स्थापना संभव है।

नवाचार ऐसे बिजनेस मॉडल पर टिका होगा, जो इन ग्रिडों से विकसित होगा। इस तरह का ग्रिड देशवासियों को वह राह चुनने का अवसर देगा, जिसमें न केवल उनकी सफलता की गारंटी होगी, बल्कि भारत को विकसित राष्ट्र में बदलने के लक्ष्य में भी योगदान मिलेगा।

समावेशी शासन समावेशी आर्थिक नीतियों के प्रोत्साहन के जरिए सामाजिक बदलाव लाएगा; फलस्वरूप प्रतिबंधित तथा निकासीवाली आर्थिक नीतियों का त्याग होगा। राष्ट्र का विकास तो लोगों को कृषि, उद्योग तथा सेवा-क्षेत्र में योगदान करने के लिए सशक्त बनाने से ही हो सकता है। यह उन्हें वित्तीय रूप से सशक्त बनाने तथा उन्हें जरूरी कौशल, ज्ञान और प्रौद्योगिकी उपलब्ध कराने से संभव है। समावेशी आर्थिक नीतियाँ भारत को वैश्विक दृष्टि से प्रतिस्पर्धी राष्ट्र बनाएँगी।

यही दृष्टिकोण भारत को आर्थिक रूप से विकसित राष्ट्र बनाने के क्रम में एक दशक के लिए टिकाऊ जी.डी.पी. (सकल घरेलू उत्पाद) वृद्धि पाने में मदद करेगा।

भ्रष्टाचार की समाप्ति

समावेशी शासन लाने के क्रम में सबसे पहली और सबसे बड़ी जरूरत भ्रष्टाचार मुक्त पारदर्शी समाज की स्थापना है।

हमारा समाज 20 करोड़ परिवारों का है। हर परिवार में करीब चार सदस्य होते हैं—पिता, माता और औसतन दो बच्चे।

मेरे पास देश के युवाओं, यानी परिवार के बेटे या बेटी के लिए एक मिशन है। आखिरकार, भ्रष्टाचार घर से ही शुरू होता है। अनुमान है कि हमारे भारतीय घरों में से 30 प्रतिशत किसी-न-किसी रूप में भ्रष्टाचार में लिप्त हैं। इसका अर्थ यह हुआ कि करीब 6 करोड़ परिवारों

के कामकाज में पारदर्शिता नहीं है। ऐसे परिदृश्य में, जहाँ घर के कामकाज में पूरी पारदर्शिता है, वहाँ बच्चों को अपने माता-पिता की सराहना करनी चाहिए, और जहाँ पारदर्शिता नहीं है, वहाँ उन्हें ऐसे कामों के लिए मना करने का साहस जुटाना चाहिए। मेरी चेतना कहती है कि भ्रष्टाचार के खिलाफ बनाए गए किसी भी कानून की तुलना में युवाओं का यह आंदोलन अधिक प्रभावशाली सिद्ध होगा।

मेरे कितने मित्र अपने घरों को पारदर्शी बनाने के इस महान् मिशन में भागीदार बनने के लिए तैयार हैं। अगर आप अपने घर को पारदर्शी बनाएँगे तो निश्चित ही इससे ऐसा बदलाव होगा, जिससे समावेशी शासन का रास्ता खुलेगा।

युवाओं के लिए शपथ

- मैं लगन से पढ़ाई या कार्य करूँगा और उसमें सर्वोत्तम करूँगा। मैं महसूस करता हूँ कि छोटी सोच रखना अपराध है।
- मैं ईमानदारी से काम करूँगा और ईमानदारी से सफलता प्राप्त करूँगा।
- मैं अपने परिवार का अच्छा सदस्य, समाज का अच्छा सदस्य, राष्ट्र का अच्छा सदस्य, और विश्व का अच्छा सदस्य बनूँगा।
- मैं जाति, नस्ल, भाषा, क्षेत्र या राज्य के भेद के बिना हमेशा किसी के जीवन की बेहतरी के लिए प्रयास करूँगा। मैं जहाँ रहूँ, 'मैं क्या दे सकता हूँ' का विचार हमेशा मेरे मन में रहेगा।
- मैं बिना किसी पूर्वग्रह के हर मानव जीवन की गरिमा की रक्षा और वृद्धि के लिए कार्य करूँगा।
- मैं समय का मूल्य हमेशा याद रखूँगा। मेरा आदर्श वाक्य होगा, 'मैं अपने द्रुतगामी दिनों को व्यर्थ नहीं बीतने दूँगा।'

- मैं स्वच्छ ग्रह के लिए और स्वच्छ ऊर्जा के लिए हमेशा काम करूँगा।
- अपने देश का युवा होने के नाते मैं अपने सब कार्यों में सफलता हासिल करने के लिए साहस के साथ काम करूँगा और दूसरों की सफलता का आनंद उठाऊँगा।
- मैं अपने विश्वास की तरह युवा और अपने संदेह की तरह पुराना हूँ। ऐसे में मैं अपने हृदय में विश्वास का दीपक जलाऊँगा।
- मेरा राष्ट्रीय ध्वज मेरे हृदय में लहराता है और मैं अपने देश के लिए गौरव प्राप्त करूँगा।

□

रचनात्मक नेतृत्व—सुशासन का सार

कुछ भी करने से पहले, रुककर सबसे गरीब,
सबसे असहाय, वंचित व्यक्ति का चेहरा याद करो,
और अपने आप से पूछो,
'मैं उसकी मदद के लिए क्या करने जा रहा हूँ?'

—महात्मा गांधी

नेतृत्व ही सुशासन का सार है

अच्छे नेतृत्व की क्या विशेषताएँ होती हैं?

- नेता को दूसरों से अपेक्षा करने के बजाय, खुद दूसरों को देने के लिए तैयार रहना चाहिए।
- नेता के पास परिवर्तन को सँभालने की तैयारी होनी चाहिए;
- नेता के पास हृदय की गहराई होनी चाहिए,
- नेता के पास विचारदृष्टि और मददगार के रूप में क्षमता होनी चाहिए।

देश का विकास सुनिश्चित करने और इसे आर्थिक रूप से विकसित, समृद्ध, सुखी और शांतिपूर्ण समाज बनाने के क्रम में इसके शासन-तंत्र को सर्वाधिक प्रभावशाली बनाने के लिए हमें क्या करना चाहिए? इसके लिए हमें राष्ट्र के शासन के हर खंड में रचनाशील नेतृत्व चाहिए।

मैंने तीन राष्ट्रीय कार्यक्रम देखे हैं, जो रचनाशील और प्रभावशाली नेतृत्व की सहायता से अनेक चुनौतियों के बावजूद सफल रहे—इसरो (भारतीय अंतरिक्ष अनुसंधान संगठन) का अंतरिक्ष कार्यक्रम, डी.आर.डी.ओ. (रक्षा अनुसंधान एवं विकास संगठन) का अग्नि कार्यक्रम और पी.यू.आर. (प्रोवाइडिंग अर्बन एमेनिटीज टू रूरल एरियाज)।

इन सब क्षेत्रों में मैंने देखा कि सच्चा नेतृत्व उत्साही होना चाहिए, अपरिचित क्षेत्र में यात्रा करने की योग्यता उसके अंदर होनी चाहिए। उसके अंदर त्वरित और प्रभावशाली निर्णय लेने की हिम्मत होनी चाहिए। सच्चे नेतृत्व में सहृदयता और विचारों की ईमानदारी भी होनी चाहिए।

अब मैं अपने राष्ट्रीय कार्यक्रमों के माध्यम से इन विशेषताओं के बारे में समझाता हूँ—

खाद्य आत्मनिर्भरता का विचार

भारत में हरित क्रांति का विचार 1970 के दशक में सी. सुब्रह्मण्यम के नेतृत्व में स्थापित हुआ। उनके विचारवान नेतृत्व तथा नोबेल पुरस्कार विजेता डॉ. नॉरमन बॉरलो के वैज्ञानिक नेतृत्व एवं कृषि सचिव बी. शिवरामन के सक्रिय सहयोग से कृषि वैज्ञानिकों और किसानों की भागीदारी के बल पर इस टीम ने भारत को विदेशों से अनाज मँगाने की बाध्यता से मुक्त कराया। ऐतिहासिक प्रयासों से भारत ने 'सीड टू ग्रेन' मिशन के जरिए खाद्यान्न में लगभग आत्मनिर्भरता हासिल कर ली। हरित क्रांति के कारण देश अब हर साल 23 करोड़ 6 लाख टन

खाद्यान्न उत्पादन करने में सक्षम हो गया। निस्संदेह कृषि वैज्ञानिकों के साथ-साथ किसानों ने भी इसमें बहुत महत्त्वपूर्ण भूमिका अदा की और इसे संभव बनाया।

राजनीतिक और वैज्ञानिक नेतृत्व हमारे वैज्ञानिकों, अनुसंधानकर्ताओं और किसानों में वह क्षमता पैदा करने में सफल रहा। इस तरह से हम अब द्वितीय हरित क्रांति के मिशन को शुरू करने जा रहे हैं, जिसमें बीज के अनुकूल मिट्टी की पहचान करने और उसी अनुपात में खाद डालने, प्रभावशाली जल प्रबंधन करने तथा ऐसी परिस्थितियों में कृषिपूर्व प्रौद्योगिकी विकसित करने जैसी जानकारी का विकास करना शामिल है। इस परियोजना के तहत किसान का काम महज अन्न उत्पादन नहीं रह जाएगा, बल्कि उसमें खाद्य प्रसंस्करण और मार्केटिंग का काम भी शामिल रहेगा।

द्वितीय हरित क्रांति से भारत को कृषि क्षेत्र में अपनी उत्पादकता बढ़ाने में मदद मिलेगी। सन् 2020 तक जनसंख्या वृद्धि तथा बढ़ी हुई क्रयशक्ति को देखते हुए भारत का लक्ष्य खाद्यान्न उत्पादन को 34 करोड़ टन करने का है। उत्पादन में वृद्धि के जरिए जमीन की घटी हुई उपलब्धता, पानी की कमी और कृषि कामगारों की उपलब्धता में कमी जैसी कई अड़चनों को दूर किया जा सकेगा।

हमारे कृषि-वैज्ञानिकों और प्रौद्योगिकीविदों को किसानों की भागीदारी के साथ मौजूदा औसत प्रति हेक्टेयर उपज को तीन गुना करने के लिए काम करना होगा। बीजों के विकास के लिए भी नई प्रौद्योगिकी की जरूरत पड़ेगी, क्योंकि उसी से यह सुनिश्चित होगा कि पानी और जमीन की कमी के बीच भी अधिक उपज कैसे प्राप्त हो।

विचार को साकार करने का उत्साह

चलिए, अब मैं आपको एक उदाहरण देता हूँ कि किस तरह

उत्साह के बल पर सार्वजनिक क्षेत्र के संगठन के प्रबंध निदेशक ने दो अरब डॉलर के मेट्रो रेल प्रोजेक्ट का सफल और समय पर क्रियान्वयन करने में सफलता पाई।

दिल्ली मेट्रो रेल प्रोजेक्ट ने विश्वसनीयता भरी उच्च प्रौद्योगिकी के इस्तेमाल के जरिए देश भर में तीव्र परिवहन की संभावना के द्वार खोले हैं। 2 करोड़ से ज्यादा आबादीवाले शहर देश की राजधानी दिल्ली को अत्याधुनिक प्रौद्योगिकी वाली विश्वस्तरीय मेट्रो रेल पाने का गौरव प्राप्त है। मेट्रो रेल का कार्य 1 अक्तूबर, 1998 को शुरू हुआ था और 65 किलोमीटर की तीन लाइनें कवर करने का पहला चरण दिसंबर 2005 में पूरा हो गया था। आज दिल्ली मेट्रो रेल की कुल लंबाई 190 किलोमीटर है। हर दिन मेट्रो में कम-से-कम बीस लाख यात्री सफर करते हैं।

दिल्ली मेट्रो रेल कॉरपोरेशन ने देश को सर्वाधिक उन्नत रेल प्रौद्योगिकी उपलब्ध कराई है। दिल्ली मेट्रो रेल के मुख्य घटक हैं—हलके वजन का स्टेनलेस स्टील, आकर्षक एवं विद्युत् चालित स्प्रिंगवाली आधुनिक ट्रेन, पुनरुत्पादक ब्रेकिंग, जनसूचना डिस्प्ले, चौड़ा गलियारा और ऑटोमेटिक द्वार। परिष्कृत कोच प्रौद्योगिकी अब तक देश में उपलब्ध नहीं थी, लेकिन अब वे बी.ई.एम.एल. (भारत अर्थ मूवर्स लिमिटेड), बंगलुरु को स्थानांतरित कर दी गई है, जो कि अब प्रगतिशील स्वदेशीकरण वाली ट्रेनें एसेंबल करने की प्रक्रिया में है। बी.ई.एम.एल. अब इस स्थिति में है कि आनेवाले दिनों में वह देश के अन्य शहरों की ट्रेनों की जरूरतें पूरी कर सके।

दिल्ली मेट्रो रेल कॉरपोरेशन के तत्कालीन प्रबंध निदेशक ई. श्रीधरन ने सुनिश्चित किया था कि सारे निर्धारित खंड निर्धारित बजट में तय सीमा तक या तय सीमा से पहले पूरा कर सकें। पेशेवर दक्षता के सहयोग से इस समर्पित और पारदर्शी नेतृत्व ने देश को दुनिया की

सबसे बेहतरीन परिवहन प्रणाली सबसे सस्ते दाम पर उपलब्ध कराई। उसके बाद से ई. श्रीधरन को अनेक राष्ट्रीय और अंतरराष्ट्रीय पुरस्कार मिल चुके हैं। अन्य देशों में भी मेट्रो प्रणालियों के काम के लिए उन्हें बुलाया जा रहा है, लेकिन उन्होंने भारतीय कार्यक्रमों के प्रति अपनी प्रतिबद्धता के कारण उन अनुरोधों को विनम्रतापूर्वक अस्वीकार कर दिया है।

समस्या पर नियंत्रण

सन् 1954-57 में मैं मद्रास इंस्टीट्यूट ऑफ टेक्नोलॉजी, एम.आई.टी. (मद्रास इंस्टीट्यूट ऑफ टेक्नोलॉजी) में एयरोनॉटिकल इंजीनियरिंग की पढ़ाई कर रहा था। मेरे कोर्स के तीसरे साल में मुझे पाँच अन्य छात्रों के साथ मिलकर एक लो-लेवल अटैक विमान डिजाइन करने का प्रोजेक्ट दिया गया। मेरे डिजाइन टीचर प्रोफेसर श्रीनिवासन हमारे गाइड थे, जो कि एम.आई.टी. के तत्कालीन निदेशक भी थे। प्रोजेक्ट के कुछ सप्ताह बाद उन्होंने हमारी प्रगति की समीक्षा की और घोषित कर दिया कि मेरा काम निराशाजनक है। उन्होंने मेरी कोई भी बात सुनने से इनकार कर दिया। मैंने काम पूरा करने के लिए एक माह का समय माँगा, लेकिन प्रोफेसर श्रीनिवासन ने मुझसे कहा, 'नौजवान, आज शुक्रवार का दिन है। मैं तुम्हें तीन दिन देता हूँ। सोमवार की सुबह तक अगर मुझे संरचना डिजाइन न मिली, तो तुम्हारी स्कॉलरशिप रोक दी जाएगी।'

यह बहुत बड़ा झटका था, क्योंकि स्कॉलरशिप मेरी जीवनरेखा थी, और बिना उसके मैं पढ़ाई जारी नहीं रख सकता था। काम पूरा करने का कोई और रास्ता नहीं था। हमारी टीम के सभी सदस्यों ने रात-दिन काम किया। हम उस रात सोए तक नहीं और ड्राइंगबोर्ड पर काम करते रहे, खाना-पीना भी छोड़ दिया। शनिवार को मैंने सिर्फ घंटे

भर का ब्रेक लिया। रविवार की सुबह मेरा काम तकरीबन खत्म हो चुका था। तभी मुझे प्रयोगशाला में किसी की मौजूदगी का एहसास हुआ। प्रोफेसर ही थे, जो मेरे काम की प्रगति की जाँच कर रहे थे। मेरे काम को देखने के बाद उन्होंने मेरी पीठ थपथपाई और स्नेह से मुझे गले लगा लिया। उन्होंने कहा, 'मैं जानता था कि मैं तुम पर दबाव डाल रहा हूँ और बहुत कठिन डेड लाइन तुम्हें दी थी। तुमने समस्या से निपटने के लिए बहुत अच्छा कार्य किया है तथा मजबूत बनकर उभरे हो।'

इस अनुभव से मुझे समय का मूल्य समझ में आया और यह भी समझ में आया कि किसी असंभव समस्या से निपटने के लिए शांत मन से हल खोजने की क्षमता बहुत जरूरी है।

नई राह पर चलना

मुझे प्रोफेसर विक्रम साराभाई के साथ सात वर्ष काम करने का सौभाग्य मिला। उनके साथ निकटता से काम करने के दौरान मैंने एक पृष्ठ के बयान में अंतरिक्ष कार्यक्रम के विचार की शुरुआत देखी। उस पेज की शुरुआत देखने और उस विचार को साकार करने के लिए कई सालों तक लगातार काम करनेवाली टीम का सदस्य होना मेरे लिए सीखने का महान् अनुभव रहा। प्रोफेसर विक्रम साराभाई ने सन् 1970 में प्रसिद्ध विचार वाक्य दिया था, 'भारत को अपने शक्तिशाली वैज्ञानिक ज्ञान और युवा शक्तिकेंद्र के बल पर अपना स्वयं का विशाल रॉकेट सिस्टम (सेटैलाइट लॉञ्च व्हीकल) बनाने चाहिए और अपना स्वयं का संचार, रिमोट सेंसिंग तथा मेटियोरोलॉजिकल स्पेसक्राफ्ट भी बनाना चाहिए तथा भारतीय जीवन में उपग्रह संचार, रिमोट सेंसिंग एवं मौसम विज्ञान को समृद्ध करने के लिए अपनी जमीन से इन्हें प्रक्षेपित करना चाहिए।' अंतरिक्ष कार्यक्रम में चुने गए प्रोजेक्ट सामाजिक जरूरतों को

पूरा करने के लिए डिजाइन किए गए।

अगर आज मैं उस मूल विचार कथन को देखूँ, तो मैं उस विचार के परिणामों को देखकर अभिभूत हो जाता हूँ। आज देश को कनेक्टिविटी उपलब्ध कराने के लिए भू-समकालिक कक्ष में कुल 150 ट्रांसपोंडर हैं। आज भारत किसी भी तरह का उपग्रह प्रक्षेपक यान या किसी भी तरह का अंतरिक्ष यान बना सकता है और अपनी ही भूमि से उन्हें प्रक्षेपित कर सकता है। भारत ने चंद्रयान और मंगल ग्रहीय मिशन लॉञ्च किया है। भारत ने सिद्ध किया है कि अंतरिक्ष विज्ञान और प्रौद्योगिकी के जरिए वह प्रभावशाली संचार, संसाधन मानचित्रण, आपदा भविष्यवाणी और आपदा प्रबंधन-तंत्र उपलब्ध करा सकता है।

अब मैं बताता हूँ कि डॉ. साराभाई किस तरह से हमेशा नई राहों पर यात्रा किया करते थे।

सन् 1960 के दशक के शुरू की बात है। भारतीय अंतरिक्ष कार्यक्रम के संस्थापक ने अपनी टीम के साथ मिलकर अंतरिक्ष अनुसंधान के लिए अनेक विकल्पों पर विचार करने के बाद प्रौद्योगिकीय रूप से सर्वाधिक उपयुक्त स्थान की पहचान की थी। वह जगह केरल में तुंबा में थी, और उसका चयन इसलिए किया गया था, क्योंकि वह चुंबकीय भूमध्य रेखा के पास थी, और इस तरह वह ऊपरी वायुमंडल में आयनमंडलीय तथा इलेक्ट्रोजेट अनुसंधान के लिए आदर्श एवं उपयुक्त जगह थी।

प्रोफेसर साराभाई के सामने मुख्य चुनौती उस विशिष्ट क्षेत्र के लिए मंजूरी प्राप्त करने की थी। सामान्य प्रक्रिया के तहत उन्होंने केरल सरकार से संपर्क किया। भूमि और समुद्र तट की रूपरेखा बनाने के बाद विचार यह बना कि उस जगह पर हजारों मछुआरे रहते थे, और वहाँ एक प्राचीन सेंट मेरी मेगडालेन चर्च, एक बिशप का मकान और एक स्कूल भी था, जिससे वह जमीन साराभाई की टीम को दे पाना

कठिन था। हालाँकि, प्रशासन किसी वैकल्पिक क्षेत्र में कार्यक्रम के लिए जमीन देने का इच्छुक था। राजनीतिक नेतृत्व का भी विचार था कि उस क्षेत्र में महत्त्वपूर्ण संस्थान होने के कारण और वहाँ रह रहे लोगों की विस्थापन प्रक्रिया को देखते हुए स्थिति बहुत कठिन है। अंततः यह सुझाव दिया गया कि प्रोफेसर साराभाई और उनकी टीम को सलाह और सहायता देने का काम एक ही व्यक्ति कर सकता है—आदरणीय फादर पीटर बर्नार्ड परेरा, जो कि उस क्षेत्र के बिशप थे।

मुझे अब भी याद है कि प्रोफेसर साराभाई शनिवार की शाम को बिशप के पास गए थे। दोनों की मुलाकात ऐतिहासिक रही। हममें से कई उस घटना के प्रत्यक्षदर्शी थे। माननीय फादर ने हैरानी दिखाते हुए कहा था, 'अरे विक्रम, तुम मेरे बच्चों के रहने की जगह, मेरी जगह और गॉड की जगह माँग रहे हो। यह कैसे मुमकिन है?'

हालाँकि, दोनों में एक अद्वितीय गुण था—वे सबसे कठिन परिस्थितियों में भी मुसकरा सकते थे। माननीय फादर परेरा ने प्रोफेसर साराभाई से रविवार की सुबह नौ बजे चर्च में आने को कहा। जब प्रोफेसर साराभाई रविवार को अपने साथियों के साथ चर्च पहुँचे, तो फादर परेरा बाइबिल का पाठ कर रहे थे। प्रार्थना के बाद बिशप ने प्रोफेसर साराभाई को आगे आने के लिए आमंत्रित किया। उन्होंने प्रोफेसर का लोगों से परिचय कराया—'प्रिय बच्चो, ये वैज्ञानिक प्रोफेसर साराभाई हैं। विज्ञान का काम क्या होता है? इसका सबको प्रत्यक्ष अनुभव है। विज्ञान से सबकुछ संभव हो सका है, यहाँ तक कि इस चर्च का निर्माण, इसकी रोशनी, तुम लोगों तक मेरी आवाज पहुँचानेवाला यह माइक भी इसी की वजह से संभव हो सका है। मरीजों के रोगों की पहचान और इलाज डॉक्टर चिकित्सा विज्ञान की मदद से करते हैं। विज्ञान प्रौद्योगिकी के जरिए मनुष्य के जीवन की सुविधाएँ और गुणवत्ता बढ़ाता है। और मैं उपदेशक के रूप में क्या करता हूँ? मैं तुम लोगों के लिए, तुम

लोगों की भलाई के लिए, तुम लोगों की शांति के लिए प्रार्थना करता हूँ। संक्षेप में कहूँ तो जो विक्रम कर रहे हैं और जो मैं कर रहा हूँ, वह एक ही कार्य है। विज्ञान और अध्यात्म, दोनों ही मनुष्य के तन और मन की समृद्धि के लिए परमेश्वर से कृपा चाहते हैं।

'प्रिय बच्चो, प्रोफेसर विक्रम कहते हैं कि वे साल भर के अंदर, समुद्र तट के पास ही सारी वैकल्पिक सुविधाएँ उपलब्ध करा देंगे, जो हमारे पास यहाँ हैं। अब प्रिय बच्चो, महान् वैज्ञानिक उद्देश्य के लिए क्या तुम अपनी ये जगह दे सकते हो, क्या हम अपनी जगह दे सकते हैं, क्या हम परमेश्वर की जगह दे सकते हैं?' एक पल के लिए सन्नाटा छा गया। इसके बाद सब लोग उठ खड़े हुए और सबने मिलकर इतनी जोर से 'आमीन' बोला कि समूचा चर्च गूँज गया।

इसी चर्च में हमने अपना डिजाइन सेंटर बनाया और यहीं हमने रॉकेट एसेंबली शुरू की थी, और बिशप का मकान हमारे वैज्ञानिकों का कार्यस्थल बना। बाद में टी.ई.आर.एल.एस. (तुंबा इक्वेटोरियल रॉकेट लॉञ्चिंग स्टेशन) ही वी.एस.एस.सी. (विक्रम साराभाई अंतरिक्ष केंद्र) बना और बाद में देश भर में इसके अनेक अंतरिक्ष केंद्र बने। अब वह पुराना चर्च सीखने का महत्त्वपूर्ण केंद्र बन चुका है, जहाँ हजारों लोग भारत के अंतरिक्ष कार्यक्रम के गतिशील इतिहास के बारे में जानते हैं। निस्संदेह, तुंबा के नागरिकों को वैकल्पिक जगह पर पूजास्थल, शैक्षणिक केंद्र और अन्य सुसज्जित सुविधाएँ उपलब्ध कराई गई थीं।

जब मैं उस घटना के बारे में सोचता हूँ, तो मुझे समझ आता है कि प्रबुद्ध अध्यात्म और वैज्ञानिक नेतृत्व किस तरह से मिलकर काम कर सकते हैं। निस्संदेह, टी.ई.आर.एल.एस. और फिर वी.एस.एस.सी. के जन्म से देश को प्रक्षेपास्त्र यान, अंतरिक्ष यान और अंतरिक्ष अनुप्रयोग की क्षमता प्राप्त हुई, जिसने भारत के सामाजिक और आर्थिक विकास को अप्रत्याशित गति प्रदान की।

आज प्रोफेसर विक्रम साराभाई और माननीय फादर पीटर बर्नार्ड परेरा हमारे बीच नहीं हैं, लेकिन अनेक कार्यक्रमों की रचना का श्रेय उन दोनों को जाता है। वे भगवद्गीता में बताए गए पुष्प की तरह हैं—

पुष्प को देखो,
वह कितनी उदारता से सुगंध और शहद वितरित करता है।
वह सबको देता है, मुक्त होकर सबको अपना प्यार देता है।
जब उसका कार्य पूरा हो जाता है, तो वह चुपचाप गिर जाता है।

पुष्प की तरह बनने का प्रयास करो, जो अपने सारे गुणों के बावजूद निरहंकारी होता है।

मनुष्य के जीवन के उद्‌देश्य के बारे में कितना सुंदर संदेश है।

सफलताओं और असफलताओं का प्रबंधन

महान् मस्तिष्क वाले नेता हमेशा किसी परियोजना के लिए सही व्यक्ति की तलाश में रहते हैं। सही लोग स्वप्रेरित, स्वसंचालित होते हैं और उनकी निगरानी करने की कोई जरूरत नहीं होती। फलने-फूलने के लिए नवीनता हेतु हमें उम्र और अनुभव की परवाह किए बिना उत्साह और लगन का सम्मान करना चाहिए।

तीन दशक पहले, जब मैं इसरो में काम कर रहा था, तब मुझे सीखने का ऐसा अनुभव मिला, जो आजीवन मेरे साथ रहा। मुझे इसरो के तत्कालीन अध्यक्ष प्रोफेसर सतीश धवन ने रोहिणी उपग्रह को कक्षा में स्थापित करने के लिए प्रथम उपग्रह प्रक्षेप यान एस.एल.वी.-3 के विकास का काम सौंपा था। यह सबसे बड़ा उच्च प्रौद्योगिकी अंतरिक्ष कार्यक्रम था, जो सन् 1973 में शुरू किया गया था। समूचा अंतरिक्ष प्रौद्योगिकी समुदाय, महिला और पुरुष काम के लिए तैयार हुए। हजारों वैज्ञानिक, इंजीनियरों और तकनीशियनों ने पहले एस.एल.वी.-3 को साकार करने और 10 अगस्त, 1979 को प्रक्षेपित करने के लिए अथक

और अनवरत काम में जुटे।

एस.एल.वी.-3 ने शुरुआती घंटों में उड़ान भरी और पहला चरण शानदार तरीके से पूरा हुआ। हालाँकि सारे स्तरों के रॉकेटों और तंत्रों के काम करने के बावजूद मिशन अपना लक्ष्य हासिल नहीं कर पाया, क्योंकि दूसरे चरण में नियंत्रण प्रणाली खराब हो गई। कक्ष में स्थापित होने के बजाय रोहिणी उपग्रह बंगाल की खाड़ी में गिर गया। मिशन असफल रहा।

इस घटना के बाद श्रीहरिकोटा में प्रेस कॉन्फ्रेंस हुई। प्रोफेसर सतीश धवन मुझे प्रेस कॉन्फ्रेंस में साथ ले गए। वहाँ उन्होंने मिशन के पूरे न होने की पूरी जिम्मेदारी अपने ऊपर ली, जबकि प्रोजेक्ट डायरेक्टर और मिशन डायरेक्टर मैं था।

जब 18 जुलाई, 1980 को एस.एल.वी.-3 का दोबारा प्रक्षेपण किया तो हम रोहिणी उपग्रह को सफलतापूर्वक कक्षा में स्थापित कर पाए। प्रेस कॉन्फ्रेंस दोबारा हुई और इस बार प्रोफेसर सतीश धवन ने मुझे आगे खड़ा किया और सफलता की कहानी प्रेस को बताने के लिए कहा।

इस घटना से हमने सीखा कि सच्चा नेता सफलता का श्रेय अपने साथ काम करनेवालों को देता है, और असफलता की जिम्मेदारी अपने ऊपर लेता है। यही सच्चा नेतृत्व होता है। भारत के वैज्ञानिक समुदाय को ऐसे नेताओं के साथ काम करने का सौभाग्य मिला है।

सभी नौजवानों के लिए यह महत्त्वपूर्ण सबक है, जो कल नेता बननेवाले हैं। यहाँ पर हमने जो महान् सबक सीखा, वह यह है कि नेता चाहे किसी भी क्षेत्र का हो—राजनीतिक, प्रशासनिक, वैज्ञानिक, शैक्षणिक, औद्योगिक, न्यायपालिका, या अन्य मानवीय कार्य हो, नेता को हमेशा रचनाशील नेतृत्व की क्षमता रखनी चाहिए और असफलताओं की जिम्मेदारी लेने तथा सफलता का श्रेय अपनी टीम के सदस्यों में

बाँटने की क्षमता होनी चाहिए।

निर्णय लेने का साहस

मुझे मई 1996 की एक घटना अब भी याद है। रात के नौ बजे मुझे तत्कालीन प्रधानमंत्री पी.वी. नरसिंहराव का फोन आया कि मुझे उनसे तुरंत मिलना होगा। मैं मात्र दो दिन पहले, आम चुनावों के नतीजे घोषित होने से पहले ही मिला था। उन्होंने मुझसे कहा था, 'कलाम, अपनी टीम के साथ परमाणु परीक्षण के लिए तैयार रहना। मैं तिरुपति जा रहा हूँ। परीक्षण शुरू करने के लिए मेरे आदेश का इंतजार करना। डी.आर.डी.ओ.-डी.ए.ई. की टीमों को एकदम तैयार रहना चाहिए।'

निस्संदेह, उस समय के चुनाव परिणाम उनकी आशा के बिलकुल विपरीत रहे। मैं चाँदीपुर मिसाइल रेंज में व्यस्त था। मेरे पास फोन आया कि मुझे नरसिंहराव के साथ में नवनियुक्त अटल बिहारी वाजपेयी से तुरंत मिलना है। मैं उस अनोखी स्थिति का गवाह हूँ। निवर्तमान प्रधानमंत्री श्री नरसिंहराव ने मुझसे कहा कि मैं वाजपेयीजी को परमाणु कार्यक्रम के बारे में जानकारी दूँ, ताकि इस तरह के महत्त्वपूर्ण कार्यक्रम को सुचारु रूप से हस्तांतरित किया जा सके। इस घटना से एक देशभक्त नेता की परिपक्वता और पेशेवर उत्कृष्टता उजागर होती है, जो विश्वास करता था कि राष्ट्र का काम दलीय राजनीति से ज्यादा बड़ा है। सन् 1998 में प्रधानमंत्री बनने के बाद वाजपेयीजी ने पहला काम मुझे परमाणु परीक्षण जल्द-से-जल्द करने का काम सौंपा। दोनों नेताओं के पास कठिन निर्णय लेने का साहस था; हालाँकि इस तरह के निर्णय के परिणाम राष्ट्रीय और अंतरराष्ट्रीय स्तर पर काफी महत्त्वपूर्ण हो सकते थे।

प्रबंधन में श्रेष्ठता

अब मैं एक और नेता प्रोफेसर ब्रह्म प्रकाश के बारे में बताना चाहूँगा। जब मैं एस.एल.वी.-3 कार्यक्रम का प्रोजेक्ट डायरेक्टर था, तब प्रोफेसर ब्रह्म प्रकाश विक्रम साराभाई अंतरिक्ष केंद्र (वी.एस.एस.सी.) के डायरेक्टर थे, जो भारतीय प्रबंधन संस्थान के मैनेजमेंट गुरु प्रोफेसर कमला चौधरी की सलाह पर आधारित बहुत सारे संस्थानों के मेल से काम करता था।

प्रोफेसर ब्रह्म प्रकाश ने अंतरिक्ष विज्ञान और प्रौद्योगिकी के विकास के लिए सैकड़ों निर्णय लिये। एक महत्त्वपूर्ण निर्णय मुझे हमेशा याद रहेगा, वह यह था कि ज़ब एक बार एस.एल.वी.-3 कार्यक्रम को मंजूरी मिल गई थी, तो वी.एस.एस.सी. की विविध प्रयोगशालाओं के साथ-साथ अंतरिक्ष विभाग समेत इसरो के विभिन्न केंद्रों को उक्त लक्ष्यों के लिए मिलकर कार्य करना था। खासतौर पर सन् 1973-1980 के दौरान भयंकर वित्तीय संकट था और अनेक छोटी परियोजनाओं के बीच जरूरतों की प्रतिस्पर्धा भी थी। उन्होंने प्रभावशाली तरीके से समस्त वैज्ञानिक और प्रौद्योगिकीय कार्य को एस.एल.वी.-3 और उसके उपग्रह की ओर मोड़ दिया।

जब मैं कहता हूँ कि प्रोफेसर ब्रह्म प्रकाश प्रबंधन में श्रेष्ठता के साथ विकास के लिए मशहूर हैं, तो मैं कुछ उदाहरण भी देना चाहूँगा। उन्होंने रोहिणी उपग्रह को कक्षा में स्थापित करने के मिशन के लिए सबसे पहले एस.एल.वी.-3 कार्यक्रम की व्यापक प्रबंधन योजना तैयार करवाई। जब मेरे कार्यदल ने एस.एल.वी.-3 प्रबंधन योजना तैयार कर ली तो उन्होंने एस.एस.सी. (अंतरिक्ष वैज्ञानिक समिति) के साथ तीन माह में कम-से-कम पंद्रह विचार-विमर्श की बैठकें करवाईं। विचार-विमर्श और स्वीकृति के बाद इस प्रबंधन योजना पर प्रोफेसर ब्रह्म प्रकाश ने हस्ताक्षर किए और समूचे संगठन के लिए यह मार्गदर्शक भाव और कार्य-दस्तावेज बन गया।

यह तब की बात है जब अंतरिक्ष का नेशनल विजन मिशन मोड कार्यक्रमों में बदल गया था। प्रबंधन योजना के विकास के दौरान मैंने देखा कि किस तरह के विविध विचार सामने आए और किस तरह से लोग मुख्य मिशन में अपनी वैयक्तिकता खोने से डर रहे थे, जिस कारण बैठकों में बहुत बहस और गुस्सा देखा जाता था। मुझे याद है कि किस तरह से प्रोफेसर ब्रह्म प्रकाश ने अपने चेहरे पर प्रफुल्लित मुसकराहट के साथ इन बैठकों की अध्यक्षता की थी। गुस्सा, डर और पूर्वग्रह सब उनकी सोच की मौजूदगी में आखिरकार गायब हो गए।

आज अंतरिक्ष कार्यक्रम, प्रक्षेपण यान, विमान, वैज्ञानिक प्रयोग और प्रक्षेपण कार्यक्रम सारे इसरो के केंद्रों में सुसंबद्ध और सहकारी रूप से होते हैं। मैंने उनसे यह कठिन तरीका सीखा कि किस तरह से 'किसी कार्यक्रम को शुरू करने से पहले' यह जरूरी है कि एक परियोजना प्रबंधन योजना बनाई जाए, जिसमें यह ब्योरा हो कि किस तरह से विभिन्न चरणों में परियोजना आगे बढ़ेगी और संभावित महत्त्वपूर्ण बातों का किस तरह से अनुमान लगाया जाए, संभावित समाधान खोजे जाएँ, और समय, प्रदर्शन तथा समय-सीमा को प्रमुख कारक माना जाए।

ईमानदारी से काम करना और ईमानदारी से सफलता हासिल करना

नवंबर 2011 को विश्व चाय विज्ञान कांग्रेस को संबोधित करने मैं जोरहाट (असम) गया था। जिस दिन मैं वहाँ पहुँचा, उसी दिन शाम को मैंने जोरहाट और डिब्रूगढ़ जिलों के प्रशासनिक और पुलिस अधिकारियों को संबोधित किया, जिसका आयोजन जोरहाट के जिला कलेक्टर आर.सी. जैन ने किया था। वहाँ मैंने सारे प्रतिभागियों को शपथ दिलाई—'मैं ईमानदारी से काम करूँगा और ईमानदारी से सफलता

हासिल करूँगा।' प्रतिभागियों ने जब कहा, 'ईमानदारी से काम करूँगा' तो उनका स्वर काफी ऊँचा था, लेकिन जब उन्होंने 'ईमानदारी से सफल रहूँगा' की लाइन दोहराई तो उनका स्वर धीमा हो गया।

अगले दिन मैं विश्व चाय विज्ञान कांग्रेस में था, जहाँ असम के मुख्यमंत्री और जोरहाट के प्रशासनिक अधिकारी मौजूद थे। मुझे एक सुंदर दृश्य दिखा। चाय बोर्ड के अध्यक्ष, आई.ए.एस.एम.जी.वी. के भानु ने कांग्रेस के प्रतिभागियों का परिचय देते हुए कहा, 'कल डॉ. कलाम ने मुझ समेत सभी आई.ए.एस. और आई.पी.एस. अफसरों को शपथ दिलाई। डॉ. कलाम, मैं आपको आश्वस्त करता हूँ कि मैंने केंद्र और राज्य में आई.ए.एस. के रूप में विभिन्न जगहों पर ईमानदारी से काम किया है और ईमानदारी से सफलता हासिल की है। अब मैं चाय बोर्ड में हूँ। मैं असम के मुख्यमंत्री का सचिव भी रह चुका हूँ। मैं डॉ. कलाम को आश्वस्त करना चाहता हूँ कि मैंने अपने सारे कार्यों में नैतिकता का स्तर ऊँचा रखने का प्रयास किया है।'

श्री भानु ने यह भी बताया कि वे सोचते हैं कि उन्हें किस काम के लिए याद किया जाएगा और वे भारत को दुनिया का सबसे बड़ा चाय उत्पादक तथा निर्यातक देश बनाना चाहते हैं।

अगर भारत सरकार का हर ओहदेदार इसी तरह का विजन और मिशन अपने समक्ष रखे तो मुझे विश्वास है कि हम सन् 2020 के पहले ही भारत को विकसित देश बना लेंगे।

अब तक मैंने शासन से संबंधित विभिन्न रचनाशील नेतृत्व के अद्वितीय पहलुओं की चर्चा की। अब मैं महर्षि पतंजलि के कुछ गंभीर कथन बताना चाहता हूँ—

जब आप किसी महान् उद्देश्य से, किसी असाधारण परियोजना से प्रेरित होते हैं, तो आपके सारे विचार सीमाएँ तोड़ देते हैं।

आपका मन सीमाओं से पार जाता है, आपकी चेतना हर दिशा

में फैल जाती है, और आप अपने आपको नए, महान् और सुंदर जगत् में पाते हैं। सुसुप्त शक्तियाँ, क्षमताएँ और प्रतिभाएँ सजीव हो जाती हैं और आप अपने आपको अधिक महान् व्यक्ति के रूप में पाते हैं, जितना कभी आपने अपने बारे में सोचा तक न होगा।

राष्ट्रीय विकास एवं रचनात्मक नेतृत्व

रचनाशील नेतृत्व और राष्ट्रीय विकास में उसकी भूमिका के बीच निम्न संबंध होते हैं—

- देश का आर्थिक विकास प्रतिस्पर्धात्मकता से प्रेरित होता है।
- प्रतिस्पर्धात्मकता ज्ञान से प्रेरित होती है।
- ज्ञान प्रौद्योगिकी और नवीनता से प्रेरित होता है।
- प्रौद्योगिकी और नवीनता संसाधन निवेश से प्रेरित होते हैं।
- संसाधन निवेश निवेश पर मिलनेवाले प्रतिफल से प्रेरित होता है।
- निवेश पर मिलनेवाला प्रतिफल राजस्व से प्रेरित होता है।
- राजस्व मात्रा तथा बिक्री के दोहराव से प्रेरित होता है।
- मात्रा तथा बिक्री का दोहराव ग्राहकों की निष्ठा से प्रेरित होता है।
- ग्राहकों की निष्ठा उत्पादों की गुणवत्ता तथा कीमत से प्रेरित होती है।
- उत्पादों की गुणवत्ता तथा कीमत कर्मचारी की उत्पादकता और नवीनता से प्रेरित होती है।
- कर्मचारी की उत्पादकता कर्मचारी की निष्ठा से प्रेरित होती है।
- कर्मचारी की निष्ठा कर्मचारी की संतुष्टि से प्रेरित होती है।
- कर्मचारी की संतुष्टि काम के परिवेश से प्रेरित होती है।

- काम का परिवेश प्रबंधन की नवीनता से प्रेरित होता है।
- प्रबंधन की नवीनता रचनाशील नेतृत्व से प्रेरित होती है।

सारे राष्ट्रीय मिशनों में सफलता के लिए रचनाशील नेतृत्व आवश्यक होता है। रचनाशील नेतृत्व परंपरागत भूमिका में बदलाव करके कमांडर से प्रशिक्षक, प्रबंधक से गुरु, निदेशक से प्रतिनिधि होने का विचार अपनाता है। वह दूसरों से आदर चाहने के बजाय आत्मसम्मान बनाए रखने को महत्त्व देता है। उद्यमिता के मूल्य को संवर्धित करने के लिए हमें बड़ी संख्या में रचनाशील नेताओं की जरूरत है।

राष्ट्र और शासन के लिए विजन

जब भारत आर्थिक रूप से विकसित राष्ट्र में बदलेगा, तो हमारे नागरिक प्रदूषण मुक्त हरित स्वच्छ पर्यावरण में रह सकेंगे, समृद्धि और शांति हासिल कर सकेंगे। मुझे विश्वास है कि रचनाशील नेतृत्व के यहाँ बताए गए गुण भारत के रूपांतरण की नींव रखेंगे।

□

सुशासन के लिए समावेशी विकास

मर्यादा और विशिष्टता की आकांक्षा का अधिकार किसी लोकतंत्र के हर नागरिक का विशेषाधिकार होता है।

हमारे विकास में रिक्तता

मुझे महसूस होता है कि हमारे राष्ट्र की मूल क्षमता एक अरब से ज्यादा बहुभाषी, बहुधर्मी और बहु-संस्कृतिवादी लोगों के समाज को एक लोकतांत्रिक ढाँचे में सँभाले रहना है। पिछले चौंसठ सालों में हमने दुनिया के सबसे बड़े लोकतंत्र के रूप में अपनी शक्ति दिखाई है। निस्संदेह, ऐसे बहुत सारे क्षेत्र हैं, जिनमें सन् 2020 तक विकसित भारत के अपने लक्ष्य को हासिल करने के लिए हमें सुधार करने की जरूरत है।

हमारा देश विविधतापूर्ण है। एक ओर हमारे यहाँ दुनिया के सर्वाधिक धनी लोग हैं, और दूसरी ओर 27 करोड़ लोग गरीबी रेखा से नीचे रह रहे हैं। एक ओर हमने मंगल-कक्ष मिशन को साकार किया

है, तो दूसरी ओर हम अब तक देश में सारे लोगों को साक्षर तक नहीं बना पाए हैं। भारत की महिलाओं ने दुनिया भर में अनेक क्षेत्रों में विलक्षण योग्यताओं का प्रदर्शन किया है, लेकिन इसके साथ ही हमारे देश में महिलाओं के खिलाफ हिंसा बढ़ रही है। हमारे देश में कई सैकड़ा हवाईजहाज महानगरों में लाखों लोगों को लाते-ले जाते हैं, लेकिन इसके साथ ही हमारे यहाँ ऐसे गाँव भी हैं, जिनमें अभी सड़कें तक नहीं हैं।

ऐसे में हमारे देश की प्राथमिकता तो समावेशी विकास लाने के तरीके की होनी चाहिए। इसे साकार करने के लिए हमें शासन के विभिन्न अंगों—विधायिका, कार्यपालिका, न्यायपालिका—को सशक्त बनाना होगा और हमारे मीडिया को भी रूपांतरित किया जाना चाहिए।

मेरे विचार में इस प्रक्रिया में मूल निर्माण इकाई प्रबुद्ध मनुष्य हैं—वे जनप्रतिनिधि, प्रशासक, न्यायाधीश, पत्रकार या किसी अन्य पेशे से संबंधित हो सकते हैं। हालाँकि उन्हें 'प्रबुद्ध मनुष्य' कहने के पीछे मेरा क्या आशय है, इसे समझाने के लिए कुछ ताजा अनुभव बताता हूँ।

प्रबुद्ध मनुष्य के गुण

सुशासन आखिरकार व्यक्तियों और टीमों द्वारा ही चलाया जाता है। शासन देनेवाले लोगों की गुणवत्ता से योजनाओं की सफलता या असफलता तय होती है। अच्छे लोग शासन में सकारात्मक परिणाम दिलाते हैं।

पूर्व में बताया है कि मैंने किस तरह से तुमकुर में सिद्धगंगा मठ के श्री श्री शिवकुमार स्वामीजी के सौवें जन्मदिन का समारोह देखा था। अप्रैल 2009 में मुझे फिर से उनके 102वें जन्मदिन पर आमंत्रित किया गया, जहाँ उन्होंने श्रद्धालुओं के विशाल समूह को संबोधित किया

और मैं सम्मोहित होकर उन्हें सुनता रहा। उन्होंने कहा कि सुखी और शांतिपूर्ण समाज के लिए हर नागरिक को दो गुणों का विकास करना होगा—पहला, बुद्धि और दूसरा, मानवीयता। इन्हें अच्छी परवरिश, अच्छे शिक्षकों, अच्छी किताबों से और महान् लोगों की संगत से प्राप्त किया जा सकता है। अगर यह उचित उम्र में न किया गया तो मानव शैतान बन सकता है, खासकर अगर उसकी बुद्धि बिना मानवीयता के काम करने लगी तो। मुझे लगता है कि हमें राष्ट्र के तौर पर यह संदेश स्वामीजी से लेना चाहिए और देश के युवाओं में इन गुणों का विकास करना चाहिए। यहाँ मैं एक और नेक इनसान के उदाहरण के रूप में इमाम गजाली की कहानी याद दिलाना चाहता हूँ। यह घटना मुझे मेरे पिता ने सुनाई थी।

इमाम गजाली बारहवीं सदी के एक संत गुरु थे। एक दिन इमाम गजाली मगरिब की नमाज के लिए अपना मुसल्ला खोल रहे थे। तभी एक शैतान उनके सामने उनकी परीक्षा लेने आ गया और कहने लगा, 'जनाब इमाम साहब, मैं सीधा जन्नत से आ रहा हूँ, जहाँ अजीम इनसानों के बारे में चर्चा हुई। आपको जमीन पर सबसे नेक इनसान पाया गया है। आपके ऊँचे कद की कद्र करते हुए आपको छूट दी गई है कि अब आपको भविष्य में नमाज पढ़ने की तकलीफ उठाने की जरूरत नहीं है।'

इमाम गजाली बेचैन हो रहे थे, क्योंकि नमाज का वक्त हो रहा था। वे शैतान की ओर मुड़े और बोले, 'शैतान साहब, सबसे पहली बात तो यह कि नमाज पढ़ना कोई तकलीफ की बात नहीं है। और फिर जब स्वयं पैगंबर मोहम्मद तक को पाँच वक्त की नमाज से छूट नहीं दी गई, तो मेरे जैसे गरीब इमाम को कैसे दी जा सकती है?' यह कहकर वे नमाज अता करने लगे। जब नमाज पूरी हो गई तो इमाम गजाली ने देखा कि शैतान अब भी वहीं खड़ा हुआ है। इमाम साहब ने उससे पूछा कि वह किसका इंतजार कर रहा है। शैतान ने कहा, 'ओ

इमाम, तुम तो सबसे पसंदीदा पैगंबर आदम से भी बेहतरीन निकले। वह तक तो मेरे जाल से नहीं बच पाया था और मैंने उसे प्रतिबंधित फल खिला दिया था।' इमाम साहब को समझ में आ गया कि शैतान उनकी खुशामद कर रहा है, इसलिए वे अल्लाह से दुआ माँगने लगे, 'हे सबसे ताकतवर, मेरी मदद कर और मुझे खुशामद से बचा।' इस प्रकार निराश होकर शैतान वहाँ से गायब हो गया।

दोस्तो, मैंने जो घटनाएँ आपको बताईं, उनसे क्या संदेश निकलता है? हमें मानव कल्याण के अपने लक्ष्य को सफल बनाने के लिए न केवल बुद्धि और मानवीयता का विकास करना है, बल्कि लालच से भी बचना है।

हमारी आकांक्षा का भारत

अब मैं सन् 2020 के लिए भारत के लिए अपना विचार सामने रखता हूँ। हम ऐसा राष्ट्र बनाना चाहते हैं, जहाँ ग्रामीण और शहरी इलाकों में अंतर न्यूनतम हो; जहाँ प्राकृतिक संसाधनों का समान वितरण हो; जहाँ अर्थ-व्यवस्था के विभिन्न क्षेत्र स्थायी विकास का प्रदर्शन करें; जहाँ मूल्याधारित शिक्षा सबको मुहैया हो; जहाँ विद्वानों का सम्मान हो; जहाँ सबको इलाज उपलब्ध हो; जहाँ गरीबी मिटाई जा चुकी हो; जहाँ शासन भ्रष्टाचार मुक्त हो; जहाँ महिलाओं को जीवन के हर क्षेत्र में समान अवसर मिलते हों; और अंत में, जो झगड़ों से सुरक्षित राष्ट्र हो।

विकसित भारत के लिए समेकित कार्य

इस तरह का भारत बनाने के लिए हमें देश के हर हिस्से में कृषि, शिक्षा, स्वास्थ्य, सूचना और संचार प्रौद्योगिकी तथा अधोसंरचना जैसे क्षेत्रों का विकास समन्वित और समेकित रूप में करने की जरूरत होगी।

पिछले कुछ दशकों से हमने जिम्मेदार नेताओं के मुँह से यह कथन बार-बार सुना है—'विकास कार्यक्रमों के लिए लोगों के लिए भेजे गए धन का दस प्रतिशत भी सही लोगों तक नहीं पहुँचता।' इसमें एक सवाल निहित है : क्यों नहीं? हममें से प्रत्येक को इस स्थिति से निपटने में अपना दिमाग लगाने की जरूरत है।

यह सिर्फ मूल्याधारित शिक्षा और सभी स्तरों पर नेतृत्व निर्माण से संभव हो सकता है। नेताओं को शिक्षित किए जाने की जरूरत है, निर्णय लेने के लिए, आगे की सोच के लिए, योजना बनाने और फिर कार्यक्रमों का क्रियान्वयन करने के लिए उन्हें तैयार किए जाने की जरूरत है, और उन्हें असफलताओं का प्रबंधन करना भी आना चाहिए।

नेतृत्व की विशेषताएँ

जैसा कि मैंने बताया, मैंने तीन सपने ऐसे देखे, जो विजन, मिशन और रियलाइजेशन (क्रियान्वयन) के जरिए साकार हुए : इसरो का अंतरिक्ष कार्यक्रम, डी.आर.डी.ओ. का अग्नि कार्यक्रम और पुरा (प्रोवाइडिंग अर्बन एमेनिटीज टू रूरल एरियाज)। निस्संदेह, ये तीनों कार्यक्रम अनेक चुनौतियों और समस्याओं के बावजूद सफल हुए। मैंने इन तीनों क्षेत्रों में काम किया है और मैं आप लोगों को यह बताना चाहता हूँ कि मैंने इन कार्यक्रमों से नेतृत्व के बारे में यह सीखा है—

- नेता के पास विजन होना चाहिए।
- नेता के पास विजन को साकार करने का उत्साह होना चाहिए।
- नेता को अनजानी राहों पर यात्रा करने के योग्य होना चाहिए।
- नेता को पता होना चाहिए कि उसे सफलता और असफलता, दोनों को कैसे सँभालना है।
- नेता के पास निर्णय लेने की हिम्मत होनी चाहिए।
- नेता के पास प्रबंधन में उत्कृष्टता होनी चाहिए।

- नेता का हर कार्य पारदर्शी होना चाहिए।
- नेता को ईमानदारी से काम करना चाहिए और ईमानदारी से सफल होना चाहिए।

देश में शासन की संस्था की मजबूती के लिए हमें प्रतिभाओं का पालन-पोषण करके और राष्ट्रीय गतिविधि के हर क्षेत्र में नवीनता को प्रोत्साहन देकर रचनाशील नेता पैदा करने होंगे।

निर्वाचित सांसदों के पंचायतों और जिला कलेक्टरों के साथ समन्वय के साथ प्रदर्शन को मजबूत बनाने के लिए मैंने सुझाव दिया है कि 543 लोकसभा क्षेत्रों में से हर एक के लिए छह मुख्य सूत्रीय डाटाबेस तैयार किया जाए, जो निर्वाचित सदस्यों के लिए इस बात के दिशा-निर्देशों का काम करेगा कि चुनावों के बाद उन्हें क्या करने की जरूरत है। विभिन्न राजनीतिक दलों के सदस्य और मीडिया एक माह में ही ये आँकड़े जुटा सकते हैं। जिला कलेक्टर के पास वास्तव में क्रियान्वयन की इतनी शक्तियाँ होनी चाहिए कि वे लोगों तक सुशासन के लाभ पहुँचाने और जिम्मेदारी सँभालने को अपना मुख्य कार्य समझें।

लोकसभा क्षेत्र का डाटाबेस

- सभी नागरिकों की वर्तमान प्रति व्यक्ति आय;
- लोगों के साक्षरता स्तर के आँकड़े;
- सभी जलाशयों और उनकी स्थिति के आँकड़े, उनमें पानी के आने-जाने और आपस में जुड़े होने या सफाई समेत;
- गाँवों की मूल क्षमताएँ और संसाधन, जो ग्रामीण विकास परियोजनाओं को शुरू करने तथा गाँवों के सभी नागरिकों को मूल्य-संवर्धित रोजगार मुहैया करा सकें;
- सभी गाँवों की वर्तमान शिशु मृत्यु-दर और मातृ मृत्यु-दर;

- गाँवों के सभी परिवारों के लिए स्वच्छ जल और बिजली की उपलब्धता।

जैसे ही सांसद पाँचवर्षीय लक्ष्य के साथ निर्वाचित होंगे, ये डाटाबेस जिले के सारे विकास कार्यों की योजना और क्रियान्वयन के लिए आधार बन सकते हैं। मैंने जिन कार्यों के सुझाव दिए हैं, वे निम्नानुसार हैं—

- लोकसभा क्षेत्र की प्रति व्यक्ति आय तीन गुना बढ़ाना;
- पुरुष आबादी की साक्षरता कम-से-कम 20 प्रतिशत और महिला आबादी की साक्षरता कम-से-कम 30 प्रतिशत बढ़ाना;
- सारे जलाशयों की सफाई और उन्हें आपस में जोड़ना;
- शिशु मृत्यु-दर और मातृ मृत्यु-दर को 10 प्रति हजार तक घटाना;
- सभी ग्रामीण नागरिकों के लिए मूल्य संवर्धित रोजगार के अवसर पैदा करना;
- स्वच्छ पेयजल उपलब्ध कराना;
- हर घर को बिजली उपलब्ध कराना।

कानून का शासन

हम सब व्यवस्था के जिस तबके से संबंधित हैं, उसकी परवाह किए बिना हम सबको अपना आचरण संविधान के बताए अनुसार, चुपचाप या अन्यथा अपनाना होगा। नागरिकों के वोटों के बहुमत से निर्वाचित वर्ग को मिली स्वतंत्रता का इस्तेमाल संविधान के दायरे में लोकहित में मजबूत नियम बनाने के लिए किया जाना चाहिए, न कि ऐसे अविवेकपूर्ण नियम-कानून बनाए जाएँ, जो किसी एक विशेष तबके को अस्थायी रूप से आकर्षित करते हों। इसी तरह, पृथकता ऐसा गुण है, जिसे परिष्कृत किया जाना चाहिए और अपनाया जाना

चाहिए। एक बार उठाया गया कदम वापस नहीं लिया जा सकता। अगर व्यवस्था का कोई अंग अपराधियों को रियायत देते हुए कानून के नियमों से समझौता करके आधी रात में कोई समारोह करता है, तो यह कोई बहुत अच्छी परंपरा नहीं डालता। कानून के शासन को समझौता करना पड़ता है और समूची व्यवस्था को झटका लगता है।

न्यायाधिकार की स्वतंत्रता का मतलब यह नहीं कि व्यावहारिक बुद्धि की अवहेलना की जाए। दोस्तो, कानून के शासन से आँख मूँदकर इनकार करने के बारे में मैं इस देश के नागरिक के तौर पर अपनी चिंता व्यक्त कर रहा हूँ। हालाँकि, भारत के संविधान ने हर नागरिक को स्पष्ट तौर पर कानून के शासन का वादा किया है।

विशेषाधिकार प्राप्त व्यक्तियों को उनका इस्तेमाल बहुत समझदारी से करना चाहिए; इनका मतलब दूसरों को परेशान करना नहीं है, और रोब-दाब दिखाना तो कतई नहीं है। अधिकारों का इस्तेमाल सही उद्‌देश्य को प्राप्त करने के लिए किया जाना चाहिए, मनमाने फायदे के लिए नहीं। विनम्रता और उदारता के गुण पैदा किए जाने चाहिए और व्यवस्था के हर अंग को आत्म-नियंत्रित होना चाहिए और दूसरों के प्रति आदर भाव रखना चाहिए। इन गुणों को हमेशा याद रखना चाहिए; निर्भीकता, सत्यनिष्ठा और ईमानदारी के साथ इनको अपनाना चाहिए। लोकतंत्र के हर स्तंभ, यानी विधायिका, कार्यपालिका और न्यायपालिका को यह अहसास जल्द-से-जल्द होना चाहिए कि स्वस्थ और गतिशील लोकतांत्रिक प्रणाली के लिए, हम सबकी भलाई के लिए, वे एक-दूसरे के बिना कायम नहीं रह सकते।

हमें ऐसी व्यवस्था में सच्चे लोकतंत्र को फलते-फूलते देखने के लिए प्रयास करना चाहिए, जिसमें नागरिकों की स्वाभाविक आकांक्षाओं के मुक्त प्रवाह की अनुमति हो। व्यवस्था में हर व्यक्ति को न केवल अभिव्यक्ति की सुविधा हो, बल्कि दूसरों का पैर कुचले बगैर आगे

बढ़ने का भी मौका हो। इस तरह की स्थिति साकार होने से अपने आप आत्मानुशासन आएगा और वह स्वस्थ तथा फिर से आगे बढ़ सकनेवाली लोकतांत्रिक प्रणाली के लिए सर्वोत्तम तरीका रहेगा।

भारतीय लोकतंत्र के सामने कई चुनौतियाँ हैं, लेकिन हमें उन चुनौतियों को बड़े अवसर के रूप में देखने की जरूरत है। विश्व के छठे हिस्से की आबादी की हालत सुधारने के हमारे सफल प्रयोग समूची मानव प्रजाति के लिए सबक का काम करेंगे।

□

पारदर्शी समाज के लिए इ-गवर्नेंस

संपर्क के जरिए सशक्तीकरण

सुशासन को दुनिया भर के देशों में महत्त्वपूर्ण लक्ष्य माना जाता है। अनेक राष्ट्रों ने खुली सरकार के लिए विशिष्ट कदम उठाए हैं। सूचना की स्वतंत्रता को दोबारा परिभाषित किया गया और विस्तृत दिशा-निर्देशों के जरिए उसे सहयोग दिया गया। इस संदर्भ में इंटरनेट क्रांति सुशासन की योजनाओं के लिए सशक्त माध्यम साबित हुई है। इंटरनेट के कारण सेवाओं की हर जगह, हर समय उपलब्धता सच्ची संभावना बन जाती है।

इसके साथ ही नागरिकों को शासन के केंद्र में लाने का भी जागरूक प्रयास होता है। नागरिकों को उपभोक्ता माना जाता है और सेवाओं का वितरण अब सरकार का प्राथमिक कार्य माना जाने लगा है।

भारत जैसे एक अरब से ज्यादा आबादीवाले लोकतांत्रिक राष्ट्र में इ-गवर्नेंस से सूचना तक अपार पहुँच हो सकेगी, और हमारे जैसे

संघीय ढाँचे में राज्य से केंद्र तथा केंद्र से राज्य के बीच सूचना का प्रवाह सुनिश्चित हो सकेगा।

शासन में विश्वास और भरोसा

शासन के कार्य के रूप में सरकार को अपने लोगों तक बहुत तरह की सुविधाएँ और सेवाएँ पहुँचाने की जरूरत होती है। लोगों की बदलती जरूरतों और आकांक्षाओं को पूरा करने के लिए इन सेवाओं में प्रौद्योगिकी के जरिए निरंतर सुधार करना होता है। इस लक्ष्य को हासिल करने के लिए सरकार बजट में धन का प्रावधान करती है और बड़ी राशि इस पर खर्च करती है। अपनी पंचवर्षीय योजनाओं में सरकार राष्ट्रीय विकास के लिए दस लाख करोड़ रुपए आवंटित करती है। इस कार्य के लिए धन लोगों से करों के जरिए आता है और इसे सभी लोगों के, विशेषकर जरूरतमंदों के फायदे के लिए खर्चा किया जाता है।

हालाँकि जब साधारण आदमी तक फायदे पहुँचाने की बात आती है, तो नागरिकों तक पहुँचनेवाली सेवाओं का मूल्य अपेक्षाओं से बहुत नीचे हो जाता है। यह सारे सेवा क्षेत्रों में होता है, मसलन शिक्षा, स्वास्थ्य, स्वच्छता, जल, बिजली, अधोसंरचना-दूरसंचार और ऐसे ही अनेक महत्त्वपूर्ण क्षेत्र, जैसे बैंकों से कृषि तथा लघु उद्योगों के लिए कर्ज लेना। यहाँ तक कि नागरिकों को खास सेवाओं के समय पर भुगतान के लिए जूझना पड़ता है और कई बार तो इस तरह के भुगतान के लिए अनुचित साधन तक अपनाने पड़ जाते हैं।

सरकार उपयुक्त नीतियाँ और कानून लागू करके तथा सामाजिक रूपांतरण के जरिए लोगों के जीवन की बेहतरी के लिए उत्तरदायी है। सरकार की नीतियों की सफलता उनके लिए अपनाई गई प्रबंधन शैली पर निर्भर करती है। हमारे लोगों ने बड़े लचीलेपन का प्रदर्शन किया है

और विश्वास तथा भरोसे का परिवेश उपलब्ध कराने पर असाधारण सफलता प्राप्त की है। जब कभी कोई कार्यक्रम किसी विशिष्ट रूप से सुविचारित ढाँचे के जरिए सेवाभाव से चलाया जाता, तो उसके बहुत संतोषप्रद परिणाम देखे गए हैं, चाहे वे सरकारी हों, अर्ध-सरकारी हों या निजी क्षेत्र के हों।

इ-गवर्नेंस की अवधारणा

मैं इ-गवर्नेंस को इस रूप में देखता हूँ—

निर्वाध पहुँच तथा सूचना के सुरक्षित और प्रामाणिक प्रवाह के साथ पारदर्शी, चुस्त व्यवस्थावाला शासन, जो विभिन्न विभागों के बीच की बाधाएँ दूर करता हो और नागरिकों को निष्पक्ष तथा पूर्वग्रह रहित सेवा उपलब्ध कराता हो।

मैं हमेशा समाज की बेहतरी के लिए प्रौद्योगिकी के इस्तेमाल का पक्षधर रहा हूँ। इ-गवर्नेंस ऐसा ही एक अवसर है। हालाँकि मैं आप सभी को याद दिलाना चाहता हूँ कि प्रौद्योगिकी दोधारी तलवार है। अगर हमारे पास विचार से पूर्णता की क्रियान्वयन योजना नहीं है तो प्रौद्योगिकी महँगी हो जाती है और हम उचित तरीके से फायदा लेने के योग्य नहीं रह जाते। ऐसे में राष्ट्र के लिए इ-गवर्नेंस प्रक्रिया पर तेजी से अमल करना आवश्यक है। ऐसा करने के दौरान हमें इ-गवर्नेंस के हमारे समाज पर प्रभाव का गुणात्मक मापन करना होगा। हमें इसका मापन करने के योग्य बनना पड़ेगा कि हर साल इ-गवर्नेंस के लाभ कितने लोगों को पहुँचे।

कंप्यूटरीकरण के लाभ

शायद अनेक नौजवान पाठकों को याद भी नहीं होगा कि हमारे

यहाँ कुछ दंशकों पहले ट्रेन, बस और हवाई जहाज के टिकट के आरक्षण किस तरह से होते थे। हमें रेलयात्रा की तारीख से महीनों पहले लंबी-लंबी लाइनों में खड़ा होना पड़ता था या एयरलाइंस के ऑफिसों और बस अड्डों के चक्कर लगाने पड़ते थे। अब इंटरनेट और मोबाइल-आधारित आरक्षण व्यवस्था लागू होने से न्यूनतम समय खर्च करके हम यह सब कर लेते हैं। लेन-देन स्वच्छ और झंझट-मुक्त हो गया है और हम चलते-फिरते ये सब काम कर सकते हैं।

इसी तरह से अनेक कंपनियों और बोर्डों में टेलीफोन और बिजली के बिलों का भुगतान भी इंटरनेट से होने लगा है, जिससे उपभोक्ताओं को बहुत सुविधा हो गई है। अपने मतदाता पहचान-पत्रों के लिए अब निर्वाचन आयोग की वेबसाइट पर उपलब्ध आवेदनों को डाउनलोड करके भरा जा सकता है, जिसके लिए सारे निर्देश वेबसाइट पर ही दिए जाते हैं।

ये सब उदाहरण यह बताने के लिए काफी हैं कि किस तरह से लोग न केवल आसानी से अपने काम पूरे कर लेते हैं, बल्कि अब किसी तरह के बिचौलिए की भी जरूरत नहीं रह गई है, जिससे परेशानी और भ्रष्टाचार के अवसर कम हुए हैं।

इ-गवर्नेंस में पारदर्शिता

आज सूचना प्रौद्योगिकी और संचार प्रणालियों ने समय और दूरी की सारी बाधाएँ खत्म कर दी हैं। सूचना के लोकतंत्रीकरण की इस व्यवस्था में नया उदाहरण भी है। अब कभी भी दुनिया के किसी भी कोने से सूचना हासिल की जा सकती है।

भारत को पारदर्शी समाज में बदले जाने की जरूरत है, और इसके लिए आवश्यक है कि जनता से संपर्क या संवादवाले ऐसे सब सरकारी कामकाज सूचना प्रौद्योगिकी और संचार के माध्यमों के जरिए

किए जाएँ, जिनमें राज्य और केंद्र के कर्मचारियों को उचित जानकारी उपलब्ध करानी होती है। इसका अर्थ यह हुआ कि सॉफ्टवेयर में सरकारी कामकाज के नियमों और प्रक्रियाओं को लिखा जाए, ताकि वे जनता तक पहुँच सकें। ऐसा होने पर ही हम सभी को समान रूप से जानकारी उपलब्ध करा सकते हैं। इनके अपवाद नियमों को भी पारदर्शिता के साथ बनाया जाना चाहिए।

इस प्रकार इ-कॉमर्स और इ-बिजनेस के जरिए भारत की सूचना प्रौद्योगिकी और संचार में मूल क्षमता, प्रशासन में पारदर्शिता और प्रबंधन से होनेवाला इ-गवर्नेंस निश्चित रूप से संभव है। इस दिशा में मिशन के रूप में काम शुरू किया जाना चाहिए। इस तरह के लेन-देन की वैधता के लिए एक उचित कानूनी प्रणाली भी लागू करनी चाहिए।

कुछ दृश्यमान सुशासन प्रणालियाँ

अब मैं पारदर्शी सुशासन की कुछ दृश्यमान प्रणालियों की चर्चा करना चाहूँगा, जिनका इस्तेमाल हमारे लोकतंत्र के तीनों स्तंभ करते हैं।

विधायिका तंत्र : शिक्षा का अधिकार अधिनियम-2009, सूचना का अधिकार-2005 और राष्ट्रीय ग्रामीण रोजगार गारंटी योजना अधिनियम-2005 विधायिका तंत्र के कुछ प्रभावशाली कामकाज के उदाहरण हैं। ये कानून हमारे नागरिकों की आकांक्षाओं के एक हिस्से को पूरा करने के लिए बनाए गए हैं।

कार्यपालिका तंत्र : कार्यपालिका तंत्र द्वारा किए गए कुछ महत्त्वपूर्ण कार्य हैं—दिल्ली में समयबद्ध तरीके से मेट्रो रेलवे सिस्टम तैयार करना; कुछ राज्यों में इ-गवर्नेंस मॉडल के आंशिक ही सही, किंतु सफल क्रियान्वयन, जिससे व्यवस्था में काफी पारदर्शिता आई है; रेलवे आरक्षण प्रणाली का कार्यरत मॉडल; देश के डेढ़ सौ साल पुराने विश्वविद्यालयों—

चेन्नई, कोलकाता और मुंबई द्वारा वर्चुअल यूनिवर्सिटी की योजनाएँ; यशस्विनी योजना के जरिए स्वास्थ्य सेवाएँ उपलब्ध कराना। बिजली उत्पादन और वितरण की नवीन निगरानी प्रणाली से नुकसान तथा बिजली चोरी कम हुई है, जिससे कुछ राज्यों के विद्युत् मंडल लाभकारी संगठन बन गए हैं।

न्यायपालिका तंत्र : न्याय में देरी होने से भ्रष्टाचार बढ़ता है। मुझे यह देखकर बहुत खुशी है कि हमारे न्यायिक तंत्र ने इस चुनौती को स्वीकार किया है। मुझे तेजी से निपटाए गए कुछ मामले देखकर भी बहुत खुशी है। तीव्र न्याय वितरण प्रणाली के ये कुछ अच्छे उदाहरण हैं। हालाँकि अब भी अदालतों में लाखों मुकदमे लटके पड़े हैं। इ-गवर्नेंस न्यायिक तंत्र में त्वरित गति से निपटाए जानेवाले मुकदमों का वर्गीकरण करना चाहिए और उन्हें प्राथमिकता देनी चाहिए। उच्चतम न्यायालय और कुछ उच्च न्यायालयों के निर्णय अब इंटरनेट पर उपलब्ध हैं। इस कदम से वादियों की मुश्किलें काफी कम हुई हैं, और इन निर्णयों का इस्तेमाल अन्य लोग भी अपनी रुचि के क्षेत्रों में कर सकते हैं। पारदर्शिता की ओर यह एक बहुत बड़ा कदम है। यह आवश्यक है कि देश की अन्य सब अदालतों में इस मॉडल को अपनाया जाए। इस प्रयास में कानून मंत्रालय, राज्य सरकारों और उच्च अदालतों को मदद करनी चाहिए। इसके अलावा, उच्चतम न्यायालय द्वारा सी.एन.जी. के इस्तेमाल और नदियों को जोड़ने संबंधी महत्त्वपूर्ण निर्देशों का भी समाज की भलाई पर काफी व्यापक असर पड़ा है।

वादमुक्त गाँव : मैं अब उत्तर प्रदेश के चित्रकूट में कुछ सालों पहले हुए एक अनुभव को बताना चाहता हूँ। मेरी मुलाकात वहाँ एक महापुरुष से हुई, जिसके बारे में आपमें से कई ने सुना होगा। वे नब्बे वर्षीय मशहूर सामाजिक कार्यकर्ता डॉ. नानाजी देशमुख थे। उन्होंने दीनदयाल शोध संस्थान, डी.आर.आई. के जरिए अस्सी गाँवों को

वादमुक्त कराने में सूत्रधार की भूमिका निभाई। परिवारों और गाँवों में विवाद निपटाने का यह सफल प्रयोग रहा। नानाजी ने बताया कि उनका उद्देश्य एक सुंदर समाज, सशक्त समाज और सबसे बढ़कर नैतिक मूल्यों से युक्त समाज की रचना करना है।

तो अच्छे लोगों को जोड़कर और उनकी सफलता का संदेश फैलाकर भ्रष्टाचार मुक्त समाज की रचना जरूरी है।

कुछ राष्ट्रीय चुनौतियाँ

हमारे राष्ट्र के सामने सबसे बड़ी चुनौतियाँ गरीबी रेखा से नीचे रह रहे 27 करोड़ लोगों का उत्थान है। उन्हें आवास, खाना, स्वास्थ्य-सेवा और शिक्षा एवं रोजगार की जरूरत है, जिससे वे अच्छा जीवन जीने योग्य बन सकें। हमारा जी.डी.पी. 4 से 6 प्रतिशत प्रतिवर्ष के बीच रह रहा है, और अर्थशास्त्रियों का सुझाव है कि गरीबी रेखा से नीचे रह रहे लोगों के उत्थान के लिए हमारी अर्थव्यवस्था की वृद्धि दर एक दशक से ज्यादा तक निरंतर 10 प्रतिशत प्रतिवर्ष से अधिक रखनी होगी।

विकास के लिए समेकित कार्य

एक अरब लोगों की जरूरतों को पूरा करने के लिए हमारा प्राथमिक मिशन भारत को विकसित राष्ट्र बनाना होना चाहिए। पाँच क्षेत्र ऐसे हैं, जिनमें भारत के पास समेकित कार्य के लिए मूल दक्षताएँ हैं—(1) कृषि और खाद्य प्रसंस्करण, (2) देश के सभी हिस्सों में विश्वसनीय और गुणवत्तापूर्ण बिजली, सड़क परिवहन और अधोसंरचना, (3) शिक्षा और स्वास्थ्य सेवा, (4) सूचना और संचार प्रौद्योगिकी, (5) सामरिक क्षेत्र। ये पाँचों क्षेत्र आपस में निकटता से जुड़े हैं, और जब इनमें प्रभावशाली तरीके से काम किया जाएगा तो खाद्य,

अर्थव्यवस्था, ऊर्जा और राष्ट्रीय सुरक्षा के क्षेत्र में लाभ होगा।

संमेकित, समयबद्ध तथा लागत अनुकूल तरीके से कार्यक्रमों के क्रियान्वयन के लिए नागरिकों को समान रूप में और आसानी से आवश्यक सुविधाएँ उपलब्ध करानी चाहिए। यह आवश्यक है कि हम आज की तारीख में उपलब्ध प्रौद्योगिकी का इस्तेमाल करें और सरकार-सरकार तथा सरकार-नागरिक लेन-देन के लिए व्यापक इ-गवर्नेंस सिस्टम तैयार करें।

अभी तक किसी भी देश ने एक अरब से ज्यादा लोगों के लिए इ-गवर्नेंस सिस्टम लागू नहीं किया है। ऐसे में यह हमारे सामने एक बड़ी चुनौती है।

आदर्श परिदृश्य

लोकतांत्रिक प्रक्रिया में प्रौद्योगिकी के इस्तेमाल के उदाहरण के रूप में मैं ऐसे चुनावी परिदृश्य की परिकल्पना करता हूँ, जहाँ उम्मीदवार किसी खास चुनाव क्षेत्र के लिए अपना नामांकन दाखिल करता है। तुरंत ही निर्वाचन अधिकारी राष्ट्रीय नागरिक पहचान डाटाबेस से बहूपयोगी नागरिक पहचान-पत्र के जरिए उसकी प्रामाणिकता की जाँच करता है। उम्मीदवार की नागरिक चेतना और नागरिक व्यवहार के बारे में भी पुलिस अपराध रिकॉर्ड के जरिए देखा जा सकता है। संपत्ति का रिकॉर्ड देश भर के भूमि पंजीयन अधिकारियों से प्राप्त हो सकता है। आय और धन की जानकारी आयकर विभाग तथा अन्य स्रोतों से प्राप्त हो सकती है। किसी व्यक्ति की शैक्षिक जानकारी उसके विश्वविद्यालय के रिकॉर्ड से हासिल हो सकती है। रोजगार के पुराने रिकॉर्ड की जानकारी संबंधित नियोक्ताओं से हासिल हो सकती है, जिनके यहाँ उसने काम किया होगा। ऋण संबंधी जानकारी बैंकों तथा ऋण प्रदाता संस्थाओं से मिल जाएगा। व्यक्ति का कानूनी

रिकॉर्ड अदालतों से मिल जाएगा।

यह सारा विवरण निर्वाचन अधिकारी के कंप्यूटर पर कुछ ही मिनट में इ-गवर्नेंस सॉफ्टवेयर के जरिए हासिल हो सकता है, जो विभिन्न राज्यों और केंद्र की सरकारों की वेबसाइट पर उपलब्ध होगा, और इस तरह से तीव्रता से सारी जानकारी हासिल करके अपने आप बिना किसी पूर्वग्रह के तुरंत ही प्रस्तुत कर देगा।

एक कृत्रिम इंटेलीजेंस सॉफ्टवेयर उम्मीदवार की कार्य-उपलब्धियों का विश्लेषण करेगा और इस बात की रेटिंग देगा कि संबंधित व्यक्ति राजनेता के रूप में कितना सफल है। तब निर्वाचन अधिकारी एक जानकारीप्रद विकल्प तैयार कर सकेगा और निर्वाचन प्रक्रिया शुरू कर देगा।

क्या यह कोई सपना है? क्या यह संभव है? अगर संभव है, तो हम कब तक इसे क्रियान्वित कर सकेंगे? क्या हम एक अरब लोगों को सुशासन उपलब्ध करा सकते हैं? क्या इ-गवर्नेंस से सेवा वितरण प्रणाली में तेजी आएगी? क्या इ-गवर्नेंस स्वाभाविक लेन-देन और अवैध लेन-देन में अंतर कर सकेगा और अवैध लेन-देन को रोक सकेगा? क्या हमारे देश में यह वहन करने योग्य लागत पर किया जा सकेगा?

इ-गवर्नेंस की चुनौतियाँ

अब मैं कुछ और प्रश्न करके ऊपर पूछे गए प्रश्नों के उत्तर पाने की कोशिश करूँगा। क्या हमारे पास इ-गवर्नेंस के लिए किसी कार्ययोजना की जरूरत है? क्या हमारे पास राष्ट्रीय नागरिक डाटाबेस है, जो कि राज्य और केंद्र सरकारों के शासन के लिए सूचना का प्राथमिक स्रोत होगा? क्या हमारे पास राज्य और केंद्र सरकार के विभागों के बीच सुरक्षित जानकारी गैर-खंडनीय तरीके से निर्बाध रूप से विनिमय

करने के मानदंड हैं? क्या हमारे पास सुरक्षित वितरण ढाँचा है, जो कि ऐसा वर्चुअल प्राइवेट नेटवर्क होता है, जो देश भर में केंद्र और राज्य सरकारों के विभागों को आपस में जोड़ता है? क्या हमारी केंद्र और राज्य सरकारों के पास ऐसे डाटा सेंटर हैं, जो विभागीय जानकारी के कार्यप्रवाह को स्वचालित, समन्वय, अंतर्संवाद और जानकारी के प्रामाणिकता से विनिमय को सँभाल सकें? क्या हमारी प्रशासनिक व्यवस्थाओं को सशक्त किया जाना चाहिए और इनमें सुधार किया जाना चाहिए, ताकि उनकी निर्णय प्रक्रियाओं को तेज किया जा सके? समूचा प्रशासनिक निकाय नौकरशाही की प्रक्रियाओं में उलझे रहने के बजाय कब राष्ट्रीय विकास में योगदान करने के योग्य बनेगा?

अब हम ऊपर दिए गए सारे प्रश्नों के जवाब अपने आपसे पूछकर उनके उत्तर पता करने की कोशिश करते हैं—क्या हम ऐसे तंत्र का विकास कर सकते हैं? आइए, अब मैं विभिन्न क्षेत्रों को जोड़कर समग्र समावेशी विकास सुनिश्चित करने के लिए अपने द्वारा प्रस्तावित सोसाइटल ग्रिड पर ध्यान केंद्रित करता हूँ, जो कि लोगों के जीवन की गुणवत्ता पर दृश्यमान प्रभाव डालेगा।

कनेक्टिविटी मॉडल—सोसाइटल ग्रिड

प्रस्तावित मॉडल में नॉलेज ग्रिड, ग्रामीण (पुरा) ग्रिड, हेल्थ ग्रिड और गवर्नेंस ग्रिड विविध पोर्टलों की व्यवस्था है। ग्रिड व्यवस्था ग्रामीण क्षेत्रों की 84 करोड़ 30 लाख लोगों तथा शहरी इलाकों की 34 करोड़ 30 लाख लोगों के लिए समृद्धि लाएगा। इस प्रक्रिया में यह सुनिश्चित होगा कि गरीबी रेखा से नीचे रहनेवाले लोगों का जीवन बदले।

सबसे पहले मैं नॉलेज ग्रिड की बात करता हूँ। ग्रामीण और शहरी इलाकों के बीच सेतु बनाने और समृद्धि के समान वितरण को सुनिश्चित करने के लिए, भारत को जोड़ने की जरूरत है। इस कनेक्टिविटी मॉडल

का मूल सरकारी तथा सार्वजनिक और निजी क्षेत्रों की विभिन्न संस्थाओं के बीच भागीदारी है। इस भागीदारी की शक्ति ज्ञान और सूचना के मुक्त प्रवाह से हासिल होगी।

नोजेल ग्रिड

यहाँ पर प्रयास सूचना-समाज को ज्ञान-समाज में बदलने का है। ज्ञान-समाज उत्पादों और सेवाओं का उत्पादक, मार्केटिंग तथा इस्तेमाल करनेवाला होगा, जो स्पष्ट तथा अंतर्निहित, दोनों ज्ञानों से समृद्ध हो, इस प्रकार राष्ट्रीय और अंतरराष्ट्रीय खपत के लिए मूल्य-संवर्धित उत्पाद तैयार करता हो। ज्ञान अर्थव्यवस्था में समाज का उद्देश्य बुनियादी जरूरतों मात्र को पूरा करने से बदलकर सशक्तीकरण हो जाता है। उदाहरण के लिए, शिक्षा प्रणाली में पाठ्य-पुस्तकें बढ़ाने के बजाय रचनात्मक और संवादात्मक, औपचारिक तथा अनौपचारिक, दोनों तरह के आत्म-शिक्षण को प्रोत्साहन दिया जाएगा, जिसमें मूल्य, योग्यता और गुणवत्ता पर जोर दिया जाएगा। कामगार कुशल या अर्धकुशल होने के बजाय ज्ञानी, आत्म-सशक्त और लचीली दक्षतायुक्त होंगे। काम के प्रकार, संरचित और हार्डवेयर संचालित होने के बजाय अधिक फ्लेक्सिबल और सॉफ्टवेयर संचालित होंगे। प्रबंधन शैलियाँ निर्देशात्मक होने के बजाय संवादात्मक होंगी। इस मॉडल में पर्यावरण और पारिस्थितिकी पर प्रभाव भी औद्योगिक अर्थव्यवस्था मॉडल की तुलना में असाधारण रूप से कम होगा। अर्थव्यवस्था अपने आप में ज्ञान संचालित होगी। इसके लिए मुख्य अधोसंरचना के रूप में कंप्यूटर और सॉफ्टवेयर जैसे दूरसंचार तथा संचार से संबंधित माध्यम की जरूरत होगी।

इस मॉडल में ऐसी शिक्षा प्रणाली तक सबकी समान रूप से पहुँच आवश्यक होगी, जो स्कूली कक्षा से परे हो। बैंडविड्थ ज्ञान

समाज में असंतुलन को खत्म करने और व्यापक समानता लाने का काम करता है। हमारे पास ज्ञान से समृद्ध संस्थाएँ हैं, लेकिन हमें कनेक्टिविटी की जरूरत है। कनेक्टिविटी आजकल प्रौद्योगिकीय रूप से संभव है, लेकिन इसके लिए देश भर में विभिन्न क्षेत्रों में ज्ञान तक समान पहुँच उपलब्ध कराने के लिए ऐसी भरोसेमंद नेटवर्क अधोसंरचना तैयार करने की जरूरत होगी, जिसकी गति कम-से-कम 10 गीगाबाइट्स प्रति सेकंड की उच्च बैंडविड्थ वाली हो, ताकि नॉलेज ग्रिड की रचना की जा सके।

विश्वविद्यालयों की सामाजिक-आर्थिक संस्थाओं, उद्योगों तथा अनुसंधान एवं विकास के संगठनों के साथ इंटर-कनेक्टिंग

भारत में सहयोगात्मक नॉलेज शेयरिंग प्लेटफॉर्म की रचना के लिए देश भर में 5000 संस्थाओं को गीगाबाइट नेटवर्क से जोड़ने की योजना है। भारत के 150 साल से ज्यादा पुराने तीन विश्वविद्यालयों—मद्रास विश्वविद्यालय, कोलकाता विश्वविद्यालय और मुंबई विश्वविद्यालय—ने विद्यार्थियों के लिए दस अद्वितीय संयुक्त पोस्ट ग्रेजुएट कार्यक्रम उपलब्ध कराने के लिए एक 'वर्चुअल यूनिवर्सिटी' तैयार की है और इस प्रकार बिना क्षेत्रीय संबद्धता के गुणवत्तापूर्ण शिक्षा उपलब्ध कराई जा रही है। भारत ने अपने सात विश्वविद्यालयों को कनेक्टर करके तिरेपन अफ्रीकी देशों को गुणवत्तापूर्ण शिक्षा सेवाएँ उपलब्ध कराने के मिशन को भी हाथ में लिया है।

हेल्थकेयर ग्रिड

यह सरकारी स्वास्थ्य सेवा संस्थाओं, कॉरपोरेट और सुपर स्पेशलिटी अस्पतालों के साथ-साथ अनुसंधान संस्थाओं, शैक्षणिक

संस्थाओं और अंततः फार्मा अनुसंधान एवं विकास संस्थाओं को कनेक्ट करने पर आधारित है। भारत में अब तक दूरदराज के 300 स्थानों को पैंतालीस से ज्यादा सुपर स्पेशलिटी अस्पतालों से जोड़ा जा चुका है और इस तरह से उन्हें टेली-मेडिसन कनेक्टिविटी उपलब्ध कराई जा रही है। इसके अतिरिक्त, भारत के बाइस सुपर स्पेशलिटी अस्पतालों को तिरेपन अफ्रीकी देशों को स्वास्थ्य सेवाएँ उपलब्ध कराने का काम भी पेन-अफ्रीकी इ-नेटवर्क के अंग के रूप में जारी है।

स्वास्थ्य सेवा प्रशिक्षण संस्थाओं, यानी नर्सों, पेरामेडिकल कर्मचारियों और डॉक्टरों तथा चिकित्सा अनुसंधान संस्थानों को भी हेल्थकेयर ग्रिड में जोड़ा जाना चाहिए। इससे विशिष्ट केस स्टडी और अनुभवों को विभिन्न स्वास्थ्य संस्थाएँ आपस में बाँट सकेंगी। इससे ऐसे सम्मेलन भी हो सकेंगे, जिनमें दूर स्थित केंद्रों के विशेषज्ञ डॉक्टर भी खास रोगों के बारे में और उनका निदान खोजने के बारे में चर्चा कर सकेंगे।

इ-गवर्नेंस ग्रिड

केंद्र और राज्य सरकारों के साथ-साथ जिला और विकास खंड कार्यालयों को जीटूजी और जीटूसी कनेक्टविटी से जोड़ना इ-गवर्नेंस ग्रिड का हिस्सा है। भारत देश भर में स्टेट वाइड एरिया नेटवर्क (एस.डब्ल्यू.ए.एन.) बना रहा है और विकास खंड के स्तर तक फाइबर कनेक्टिविटी कर चुका है।

पुरा (PURA) नॉलेज ग्रिड

यह ग्रिड ग्रामीण विकास की रीढ़ है। अन्य सारे ग्रिड टिकाऊ विकास, स्वास्थ्य सेवा और सुशासन के लिए इस ग्रिड को ज्ञान पहुँचाएँगे। पुरा ग्रिड के जरिए समेकित आम सेवा केंद्र, टेली-एजुकेशन, टेली-मेडीसिन और इ-गवर्नेंस सेवाओं के लिए अंतर्संबंधित वितरण

तंत्र का काम करेंगे, साथ ही इसमें लोग ग्राम-ज्ञान केंद्रों और उनके बीच व्यक्तिगत पहुँच बनाकर रखेंगे।

ग्राम-ज्ञान केंद्र

पुरा ग्रिड को नॉलेज कनेक्टिविटी मुहैया कराने के लिए ग्राम-ज्ञान केंद्र अग्रिम वितरण प्रणाली के रूप में काम करेंगे। मेरा विचार है कि ग्राम पंचायतों में ग्रामीणों को ज्ञान से सशक्त करने तथा पुरा के समग्र ढाँचे में ज्ञान कनेक्टिविटी के लिए स्थानीय केंद्र के रूप में काम करने के लिए ग्राम-ज्ञान केंद्रों की स्थापना हो। ग्राम-ज्ञान केंद्र को लक्षित आबादी, जैसे किसान, मछुआरे, शिल्पकार, व्यापारी, व्यवसायी, उद्यमी, बेरोजगार युवा और विद्यार्थी के लिए आवश्यक आँकड़े उपलब्ध कराने चाहिए। इन मुद्दों को सुलझाने के लिए देश भर में पब्लिक-प्राइवेट पार्टनरशिप से दस लाख कॉमन सर्विस सेंटर (सी.एस.सी.) स्थापित किए गए हैं।

सी.एस.सी. का मुख्य जोर सिर्फ सूचना और इ-गवर्नेंस उपलब्ध कराना नहीं है, बल्कि युवाओं को ग्रामों में विकास कार्य हाथ में लेने और ग्रामीण उद्यम स्थापित करने के लिए सशक्त बनाना है, ताकि बड़े पैमाने पर ग्रामीण रोजगार पैदा हों। ऐसे में शैक्षणिक संस्थाओं, उद्योग, बैंकिंग और मार्केटिंग संस्थाओं की सहायता से दक्षतायुक्त और ज्ञानयुक्त करना आवश्यक है।

पुरा नोडल नॉलेज डाटा सेंटर

किसान कॉल सेंटर किसानों और मछुआरों को मूल्यवान और समयानुकूल ज्ञान सहयोग उपलब्ध कराते हैं। इसी तरह डोमेन सर्विस प्रोवाइडर कॉल सेंटर वाणिज्य और उद्योग, उद्यमिता कौशल विकास तथा रोजगार सृजन, यात्रा एवं पर्यटन, बैंकिंग तथा बीमा, मौसम का

पूर्वानुमान, आपदा चेतावनी प्रणाली, शिक्षा तथा मानव संसाधन विकास और स्वास्थ्य सेवा के लिए जरूरी हैं। ये कॉल सेंटर पुरा परिसरों में स्थित पुरा नोडल डाटा सेंटरों के लिए सेवा प्रदाताओं की भूमिका निभाएँगे, जो बदले में, क्षेत्र विशेष तथा क्षेत्र अनुकूल ज्ञान समग्र रूप में गाँवों में इन ग्राम-ज्ञान केंद्रों या सी.एस.सी. को उपलब्ध कराएँगे। ये वितरण देश के विभिन्न हिस्सों में सुदृढ़ कनेक्टिविटी की उपलब्धता पर निर्भर करेगा। तब पुरा ग्रिड अन्य ग्रिडों से जानकारी हासिल करेगा और ग्रामीण इलाकों में सामाजिक बदलाव के लिए उत्प्रेरक के रूप में काम करेगा।

□

शासन में सूचना का अधिकार

सूचना के अधिकार से ज्ञान समृद्ध होता है,
और ज्ञान ही देश को महान् बनाता है।

सूचना का अधिकार कानून सन् 2005 से लागू है। मुझे विश्वास है कि अनेक नागरिकों को इस अधिकार के तहत सरकार से विभिन्न प्रकार की जानकारियाँ हासिल हुई हैं। अगर जानकारी सही तरीके से माँगी जाए और उपलब्ध कराई गई जानकारी को ठीक से समझा जाए, तो कई बार ऐसी जानकारी से ऐसे सुझाव भी हासिल हो जाते हैं, जो कुछ संस्थाओं के कामकाज में सुधार के काम आते हैं। हालाँकि इस कानून से पूरा फायदा उठाने के लिए सभी पक्षों, यानी राजनेताओं, सरकारी कर्मचारियों, मीडिया, सामाजिक कार्यकर्ताओं और नागरिकों की सक्रिय भागीदारी की जरूरत होती है। इससे भारत को अत्यधिक भागीदारीवाला लोकतंत्र भी बनाया जा सकेगा।

देश में सभी स्तरों पर इ-गवर्नेंस को भी लागू किया जाना है, जो आर.टी.आई. की तरह शासन की प्रक्रिया में पारदर्शिता को और बढ़ाएगा।

हम एक अरब से ज्यादा की जनता को सुशासन कैसे उपलब्ध करा

सकते हैं? क्या इ–गवर्नेंस से ठोस नीतियों के परिणामों को जनता तक पहुँचाने में तेजी आ सकती है? इ–गवर्नेंस और सूचना तक पहुँच साधन मात्र है। सरकारी तंत्र के पूरे लाभ साकार करने के लिए हमें प्रबुद्ध नागरिकों की जरूरत है, क्योंकि आखिरकार लोगों को ही ईमानदारी, नैतिकता और सत्यनिष्ठा कायम रखनी होती है।

राष्ट्रीय इ-गवर्नेंस कार्यक्रम और सूचना का अधिकार

नेशनल इ–गवर्नेंस प्रोग्राम की स्थापना नागरिक सेवाओं के क्रियान्वयन और स्टेट वाइड एरिया नेटवर्क के स्टेट डाटा सेंटरों से 2 एम.बी.पी.एस. की कनेक्टिविटी को विकास खंड स्तर तक और 100,000 सी.एस.सी. के मोरचे तक पहुँचाने के लिए की गई थी। नेशनल इ–गवर्नेंस प्रोग्राम का प्राथमिक जोर सरकारी सेवाओं के वितरण में व्यापक सुधार करके शासन की गुणवत्ता को उच्च बनाना है।

जिलास्तरीय डाटा सेंटरों को स्टेट डाटा सेंटर से जोड़कर जीटूजी इ–गवर्नेंस स्थापित करना जरूरी हो गया है। जीटूजी इ–गवर्नेंस ग्रिड से सरकारी इकाइयों में सुरक्षित गतिशील कार्यप्रवाह में मदद मिलती है और इस प्रकार फाइलों का निर्बाध प्रवाह सुनिश्चित होता है।

सुरक्षा के नाम पर हमें इ–गवर्नेंस सिस्टम को लागू करने में और देरी नहीं करनी चाहिए। डिजिटल परिवेश में सुरक्षा क्रियान्वयन बेहद जरूरी है। अगर कोई सुरक्षित आई.टी. परिवेश स्थापित हो, तो सारे कार्य और लेन–देन पर हर स्तर पर तंत्रोन्मुखी और अनुप्रयोगोन्मुखी ऑडिट के जरिए दृष्टि रखी जा सकती है, जिससे किसी को भी अपनी डिजिटल गतिविधि हटा पाना बहुत कठिन हो जाएगा और शासन में पारदर्शिता आएगी। वास्तव में सच तो यह है कि मौजूदा हस्तचालित तंत्र में सुरक्षा में सेंध लगने की आशंका ज्यादा रहती है।

ऐसे में सुरक्षित जीटूजी इ-गवर्नेंस ग्रिड राज्य और केंद्र सरकार के उच्चतम सोपानकों से जिला स्तर और विकास खंड स्तर के प्रशासन तक इ-गवर्नेंस तंत्र की रीढ़ के रूप में काम करेगा। अगर यह कनेक्टिविटी सही और उचित तरीके से स्थापित होती है, तो इ-गवर्नेंस के पिरामिड के निचले स्तर से शीर्ष तक सूचना के अधिकार कानून तक पहुँच सुनिश्चित हो जाएगी। जीटूजी इ-गवर्नेंस ग्रिड स्थापित करना आर.टी.आई. कानून के प्रभावशाली क्रियान्वयन के लिए बहुत कारगर है।

आर.टी.आई. के नियंत्रण और संतुलन

दुनिया के सबसे बड़े लोकतंत्र के रूप में भारत पिछली आधी सदी से भी ज्यादा समय से हर तरह के उतार-चढ़ाव और उपद्रवों के बावजूद टिका रहा है। हमारी लोकतांत्रिक प्रणाली निरंतर सशक्त हो रही है, हालाँकि इस प्रणाली की कुछ कमजोरियाँ भी हैं। हमारी शक्ति इन्हीं कमजोरियों से निपटने में और अपने को लोकतांत्रिक कार्यदक्षता तथा उन्नति के उच्च से उच्चतर पथ पर मजबूरी से स्थापित करने में निहित है।

इस संदर्भ में आर.टी.आई. एक महत्त्वपूर्ण मील का पत्थर है। इस कानून के तहत हर नागरिक को वह सब जानने का अधिकार है, जो किसी नागरिक को जानना चाहिए। इस तरह से शासन के तंत्र में पूर्ण पारदर्शिता आती है, साथ ही निश्चित जवाबदेही भी आती है। इस कानून में ऐसे उपाय किए गए हैं कि इस अधिकार के इस्तेमाल से राष्ट्रीय सुरक्षा के निर्देशों का पालन हो, क्योंकि राष्ट्रीय सुरक्षा के साथ किसी भी तरह से समझौता नहीं किया जा सकता। आखिरकार हर अधिकार के अनियंत्रित इस्तेमाल को रोकने के लिए कुछ-न-कुछ उपाय किए ही जाते हैं।

सूचना के जरिए शिकायत निवारण

मुझे सन् 2004 की एक घटना याद आती है। 26 मई, 2004 को जब सी.बी.एस.ई. ने उत्तर प्रदेश की बारहवीं कक्षा का परिणाम घोषित किया, तो एक विद्यार्थी पर पहाड़ टूट पड़ा। हमेशा 90 से ऊपर ग्रेड लानेवाले इस लड़के को एक विषय में बहुत ही कम अंक मिले थे। जब मैं राष्ट्रपति था, तब इस मामले की जाँच का अनुरोध मेरे पास आया। मामले की योग्यता की जाँच के बाद मैंने शिक्षामंडल को इस मामले की जाँच का निर्देश दिया। ऐसा ही हुआ और त्रुटि दूर कर दी गई। इस घटना के बाद तो मेरे पास ऐसे इ-मेल और अनुरोधों की बाढ़ आ गई, जिनमें से अधिकतर सही नहीं थे। यह बात मैं यहाँ इसलिए नहीं उठा रहा हूँ कि इस खास मामले में शिकायत दूर कर दी गई थी, बल्कि इसलिए उठा रहा हूँ, क्योंकि एक ऐसे ऑनलाइन तंत्र की जरूरत है, जिसके जरिए ऐसे सुधारात्मक कदम उठाए जा सकें और व्यक्ति को ऊपर तक शिकायत करने के लिए खुद जाने की जरूरत ही न पड़े।

नागरिकों द्वारा अकसर माँगी जानेवाली जानकारी का आकलन करके संगठन तमाम अग्रसक्रिय कदम उठा सकते हैं और यह सुनिश्चित कर सकते हैं कि उनकी जानकारी जनता को उपलब्ध रहे।

जरूरी जानकारी का आकलन

हर सरकारी अधिकारी को उस जानकारी का निरंतर आकलन करते रहना चाहिए, जिसे लोग हासिल करने के लिए समय-समय पर उनसे संपर्क करते रहते हैं। इससे संबंधित अधिकारी को यह समझने में मदद मिलेगी कि किस तरह की जानकारी के लोग आम तौर पर अनुरोध करते हैं। जिन सूचनाओं के लिए बार-बार और ज्यादा नागरिक अनुरोध करते हैं, उन्हें उस सरकारी अधिकारी की वेबसाइट पर अपलोड किया जाना चाहिए और समय-समय पर उसे

अद्यतन करते रहना चाहिए। इससे समय और संसाधनों की बचत होगी और सूचना चाहनेवाले व्यक्ति द्वारा किसी तरह की गलत व्याख्या के अवसर खत्म होंगे। इस तरह की घटना से बचने का सबसे बेहतर तरीका यही है कि अधिक-से-अधिक सूचना को खुद सरकारी अधिकारी ही उपलब्ध कराए। जब सूचना लोगों को तैयार रूप में मिलेगी, तो उसके दुरुपयोग या गलत व्याख्या की आशंका भी खत्म हो जाएगी। इस तरह की वेबसाइट को साप्ताहिक रूप से अपडेट किया जाना चाहिए, ताकि लोगों को नवीनतम और सर्वाधिक प्रासंगिक सूचना उपलब्ध हो सके।

जब सरकार नियंत्रक एवं महालेखाकार जैसी संस्थाओं से सुझावों को स्वीकार करती है, और उन पर अमल करती है, तो उनका भी जिक्र वेबसाइट पर किया जाना चाहिए।

सरकारी अधिकारियों को सुनिश्चित करना होगा कि अभ्यर्थी माँगी गई सूचना का इस्तेमाल इस कानून में बताए गए उद्देश्य के अलावा किसी अन्य उद्देश्य के लिए नहीं करे। सूचना हमेशा जनहित में और जनकल्याण के लिए माँगी जानी चाहिए, जो कि सूचना की स्वतंत्रता का मूल तत्त्व भी है।

नागरिकों के मूलभूत अधिकारों का क्रियान्वयन

भारत के संविधान ने बोलने और अभिव्यक्ति के अधिकार, जीवन और स्वतंत्रता के अधिकार को मूलभूत अधिकार घोषित किया है। इसमें सूचना हासिल करने के अधिकार को भी मूलभूत अधिकारों में शामिल किया गया है। हर सरकारी अधिकारी को प्रयास करना चाहिए कि नागरिकों के सूचना के अधिकार के प्रावधानों की सही भावना के साथ क्रियान्वयन हो सके।

राष्ट्रपति भवन के अनुभव

मुझे बताया गया कि राष्ट्रपति भवन सचिवालय में आनेवाले 99 प्रतिशत आवेदन राष्ट्रपति भवन से संबंधित नहीं होते। जागरूकता के अभाव में ये आवेदन यहाँ भेज दिए जाते हैं, क्योंकि शायद लोगों का मानना है कि भारत का राष्ट्रपति उनके प्रति सीधा जवाबदेह है और वह उनकी हर तरह की शिकायत का निवारण कर सकता है, जिनमें विभागीय पदोन्नतियों से लेकर जमीनी विवाद जैसे सारे मामले शामिल होते हैं। कई बार लोगों को पता होता है कि राष्ट्रपति सीधे जवाबदेह नहीं है, फिर भी वे अंतिम उपाय के रूप में राष्ट्रपति भवन में आवेदन भेज ही देते हैं। इन आवेदनों को काररवाई के लिए संबंधित विभागों को भेज दिया जाता है।

सरकारी विभागों में भी यही हालत होगी। लोगों में जागरूकता की कमी के कारण उन्हें देर लगती है और विभागों पर काम का बोझ भी बढ़ता है। मैं केंद्रीय सूचना आयोग (सी.ई.सी.) को सुझाव देना चाहता हूँ कि वह दिशानिर्देश तैयार करे और लोगों को बताए कि सूचना हासिल करने के लिए कहाँ आवेदन करना चाहिए और किस तरह से वांछित सूचना हासिल की जाए। साथ-ही-साथ, यह जानकारी वेबसाइट पर भी डाली जाए, ताकि लोग उनसे बार-बार वही सवाल न करें।

मेरा सुझाव है कि आयोग को नागरिकों के बीच सघन प्रचार अभियान चलाकर यह समझाना चाहिए कि भारतीय संघ की व्यवस्था में किसका क्या काम है। आयोग को यह भी पता करना चाहिए कि विभिन्न विभागों और मंत्रालयों को कितने आवेदन मिले, जिन्हें स्थानांतरित किया गया और इसमें कितना समय लगा।

केंद्रीय सूचना आयोग की वेबसाइट (www.cic.gov.in) में एक सर्च इंजन भी होना चाहिए, जिसके जरिए केंद्रीय जनसंपर्क अधिकारी (सी.पी.आई.ओ.) आयोग के निर्णय उन तक पहुँचने से पहले ही उनके

बारे में तुरंत जान सकें। वर्तमान में आयोग की वेबसाइट पर एक खंड 'सी.ई.सी. के निर्णय' है, जहाँ पर उसके पास अपील के लिए आए मामलों पर दिए गए निर्णयों का पाठ दिया होता है। यह पाठ स्कैन किए गए चित्रों के रूप में होता है और ये निर्णय पखवाड़े के हिसाब से संगृहीत किए जाते हैं, और ऐसे में अगर कोई सी.पी.आई.ओ. किसी मामले के निर्णय के बारे में सलाह लेना चाहता है तो इस प्रक्रिया में समय लगता है, क्योंकि उसे इच्छित संदर्भ को ढूँढ़ने के लिए हर निर्णय को देखना पड़ेगा। सर्च इंजन से इन प्रक्रियाओं में लगनेवाला समय बेहद कम हो जाएगा।

पारदर्शिता सुशासन का आधार है, और स्वच्छ अंतर्चेतना पारदर्शिता का आधार है। अगर नीयत साफ है तो किसी को अपने काम के बारे में बताने में कोई कठिनाई आएगी ही नहीं। इसी तरह से, सरकार में तंत्र के सभी पक्षों को सूचना उपलब्ध कराना न केवल सराहनीय है, बल्कि सरकार के सुचारु संचालन के लिए आवश्यक भी है।

□

भ्रष्टाचार के प्रभाव

हृदय की शुद्धता से देश में व्यवस्था का रास्ता खुलता है।

शासन के कुछ अनुभव

यह जाना-माना तथ्य है कि सरकारी योजनाओं और कल्याण परियोजनाओं में कई बार गलत जानकारी दी जाती है या आवंटित धनराशि का खर्च और उद्देश्य के दावे आपस में मेल नहीं खाते, और उन दावों के पक्ष में पर्याप्त प्रमाण पेश नहीं किए जाते।

इस प्रकार हम देख सकते हैं कि पारदर्शी व्यवस्था की अनुपस्थिति में बेहद अच्छी नीयत से शुरू किया गया कार्यक्रम भी अपेक्षित परिणाम नहीं दे पाता। इससे शासन पर भ्रष्टाचार के असर तथा नागरिकों के मानवाधिकारों की सुरक्षा करने में हमारी व्यवस्था की असफलता को साफ-साफ देखा जा सकता है। अध्ययनों से पता चलता है कि भ्रष्टाचार का स्तर हर राज्य में अलग-अलग है। इसके कारण पता किए जाने चाहिए। क्या यह राजनीतिक जागरूकता के बल पर किया जा सकता है? क्या यह बेहतर मानव विकास सूचकांक के बल पर हो सकता है? क्या सजग मीडिया के बल पर ऐसा हो सकता है? क्या महिला

सशक्तीकरण से ऐसा हो सकता है? इन सारे पहलुओं का अध्ययन और संभावित कारणों का आकलन उपयोगी हो सकता है, और अन्य राज्य भी उनका अनुकरण कर सकते हैं।

नायकों की पहचान

हर गाँव या पंचायत या जिले में हमें हमेशा कुछ-न-कुछ भ्रष्टाचार मुक्त लोग मिल ही जाते हैं। भ्रष्टाचार मुक्त समाज के भी कुछ हिस्से मिल जाते हैं। अगर इनकी पहचान की जाए और उनका सम्मान किया जाए तो हम भ्रष्टाचार से तकरीबन मुक्त राज्य की रचना कर सकते हैं। भ्रष्टाचार मुक्त व्यक्तियों, समूहों और समाजों के वास्तविक उदाहरणों की चर्चा सार्वजनिक रूप से की जानी चाहिए, ताकि वे देश के लिए अनुकरणीय उदाहरण बन सकें। देश तभी भ्रष्टाचार मुक्त हो सकता है, जब इसके राज्य भ्रष्टाचार मुक्त हों; राज्य तभी भ्रष्टाचार मुक्त हो सकता है, जब उसके जिले भ्रष्टाचार मुक्त हों; जिला तभी भ्रष्टाचार मुक्त हो सकता है, जब पंचायतें भ्रष्टाचार मुक्त हों; पंचायत तभी भ्रष्टाचार मुक्त हो सकती हैं, जब उसके लोग भ्रष्टाचार मुक्त हों; और लोग तभी भ्रष्टाचार मुक्त हो सकते हैं, जब उन्हें बाल्यावस्था से ही मूल्यों के संस्कार दिए जाएँ।

सामाजिक जीवन के विशिष्ट उदाहरण

भ्रष्टाचार मुक्त समाज की रचना व्यक्ति के अलावा घर, स्कूल, समाज और सरकार पर भी बहुत ज्यादा निर्भर करती है। आइए, इस जटिल संरचना के तमाम घटकों पर चर्चा करते हैं।

भ्रष्टाचार मुक्त समाज की शुरुआत घर से होती है

21 नवंबर, 2005 को मैं धार्मिक और प्रबुद्ध नागरिक एकता

फाउंडेशन के एक समारोह में शामिल होने आदिचुनचनगिरी मठ गया था। मैंने कर्नाटक के स्कूलों-कॉलेजों के करीब 54,000 छात्र-छात्राओं से चर्चा की। वहाँ पर शिमोगा के आदिचुनचनगिरी कंपोजिट हाईस्कूल में दसवीं के छात्र एम. भवानी ने मुझसे प्रश्न किया, 'सर, मैं भ्रष्टाचार मुक्त देश का नागरिक बनना चाहता हूँ। कृपया बताएँ, छात्र के तौर पर मैं क्या योगदान कर सकता हूँ?'

एक बालमन की पीड़ा उसके प्रश्न में झलक रही थी। मेरे लिए यह प्रश्न महत्त्वपूर्ण था, क्योंकि उसे पूछनेवाला एक बालक था। मैं उसका जवाब देने के लिए सोचने लगा, तो मेरे मन में निम्न विचार आए—

- देश में एक अरब से ज्यादा लोग और करीब 20 करोड़ घर हैं। सामान्य रूप से अच्छे नागरिक हर कहीं हैं। हालाँकि कुछ लाख घर ऐसे मिलते हैं, जिनमें पारदर्शिता नहीं है और वे देश के कानूनों का सम्मान नहीं करते, तो हम क्या कर सकते हैं? यहीं पर उस बच्चे की भूमिका शुरू होती है। वे ही लोग भ्रष्टाचार को बिलकुल शुरुआत से, यानी घर से खत्म कर सकते हैं। अगर इन घरों के माता-पिता ईमानदारी के रास्ते से भटके हैं तो बच्चों को चाहिए कि वे स्नेह, प्यार और प्रोत्साहन के जरिए अपने माता-पिता या बुजुर्गों को सही रास्ते पर चलने के लिए प्रेरित करें।

मैंने वहाँ इकट्ठे सब बच्चों से कहा कि अगर उनके माता-पिता ईमानदारी और पारदर्शिता के रास्ते से भटके हैं, तो उन्हें आवाज उठानी चाहिए और हिम्मत करनी चाहिए तथा अपने माता-पिता को याद दिलाना चाहिए कि वे अपने बच्चों को शुरू से ही गलत रास्ते पर चलना सिखा रहे हैं, जो कि बुरा उदाहरण होगा। अधिकतर बच्चों ने तुरंत ही कहा, 'हम ऐसा ही करेंगे।'

इसी तरह, मैंने एक अन्य बैठक में अभिभावकों से भी यही बात कही। पहले तो चुप्पी छा गई, लेकिन कुछ देर बाद उनमें से अनेक

लोग हिचकिचाते हुए सहमत हो गए कि वे अपने बच्चों के सुझाव मानेंगे, क्योंकि उन सुझावों के पीछे प्यार होता है। उन लोगों ने मेरे सामने शपथ ली। शपथ इस प्रकार थी—

'मैं हर तरह के भ्रष्टाचार से मुक्त ईमानदार जीवन जीऊँगा और दूसरों के लिए भी मिसाल स्थापित करूँगा कि वे भी पारदर्शी जीवनशैली अपनाएँ।'

अंत में मैंने विद्यार्थियों से कहा कि उन्हें अपने घर से ही भ्रष्टाचार के खिलाफ आंदोलन शुरू करना चाहिए। मुझे विश्वास है कि बच्चे अपने परिवारों को सुधार सकते हैं।

शिक्षक का मिशन

अगला महत्त्वपूर्ण परिवेश स्कूल का होता है, जहाँ चरित्र बनता है। बच्चों के सीखने की मुख्य अवधि पाँच से सात साल की उम्र की होती है। सीखने के वर्षों में विद्यार्थी करीब 25,000 घंटे स्कूल परिसर में बिताता है। ऐसे में स्कूल के घंटे सीखने के लिए सबसे अच्छा समय होते हैं। स्कूल में सबसे अच्छा परिवेश होता है—मूल्य प्रणाली के साथ मिशन-उन्मुखी शिक्षा की सबसे अच्छी जगह होती है। यूनानी शिक्षक बेस्टोलोजी ने कहा था, सात साल के लिए मुझे एक बच्चा दे दो। उसके बाद चाहे उसे भगवान् ले जाए या शैतान। कोई भी उस बच्चे को बदल नहीं सकता।

यह एक शिक्षक का महान् आत्मविश्वास है। शिक्षक का मिशन देश के विद्यार्थियों का चरित्र-निर्माण और उन्हें उच्च नैतिक मूल्यों का संस्कार देना है।

युवा मस्तिष्कों का उत्थान

अब मैं जिस घटक की चर्चा करने जा रहा हूँ, वह विद्यार्थियों के

मस्तिष्कों के उत्थान के लिए नैतिक कक्षाओं के महत्त्व का है। जब मैं कॉलेज में था, मुझे जेसूट इंस्टीट्यूशन के सर्वोच्च अधिकारी सेंट जोसेफ्स कॉलेज, तिरुचिरापल्ली के आदरणीय फादर रेक्टर कलातिल के व्याख्यान याद हैं। हर सोमवार को वे घंटे भर की कक्षा लेते थे। वे वर्तमान और अतीत के अच्छे इनसानों के बारे में बताते थे, और यह भी बताते थे कि इनसानों में अच्छाई कैसे पैदा होती है। कक्षा में वे बुद्ध, कन्फ्यूशियस, सेंट ऑगस्टीन, खलीफा उमर, महात्मा गांधी, आइंस्टीन, अब्राहिम लिंकन और अन्य महान् व्यक्तित्वों के बारे में व्याख्यान देते थे, साथ ही हमारी सांस्कृतिक विरासत से जुड़ी नैतिक कहानियाँ भी सुनाते थे। वे उन महान् व्यक्तित्वों के बारे में भी बताते थे, जिन्होंने लोगों की सेवा में बड़ा योगदान दिया था।

सेकंडरी स्कूलों और कॉलेजों में यह जरूरी है कि महान् शिक्षक सप्ताह में एक बार ऐसे विषयों पर व्याख्यानों का प्रबंध करें। इससे युवा मस्तिष्कों का विकास होगा और वे अपने देश को प्यार करना, अन्य इनसानों से प्यार करना सीखेंगे और उनमें अच्छे संस्कार स्थापित किए जा सकेंगे।

आचार संहिता

चौथा घटक उच्च जिम्मेदार पदों पर बैठे लोगों के लिए अनौपचारिक आचार संहिता बनाने के लिए पारदर्शी समाज को प्रोत्साहन देने का है। यहाँ मुझे तमिल आदर्श की एक पंक्ति याद आती है, जिसमें सत्यनिष्ठा की शक्ति दिखती है और उच्च तथा जिम्मेदार पदों पर बैठे लोगों के लिए आचार संहिता देखने को मिलती है।

इसमें कहा गया है कि अगर उच्च तथा जिम्मेदार पदों पर बैठे लोग सत्यनिष्ठा के खिलाफ जाते हैं, तो सत्यनिष्ठा स्वयं ही विनाशक में बदल जाएगी। सत्यनिष्ठा से भटकनेवाला कोई भी व्यक्ति या राज्य, अपने कार्यों

के लिए स्वयं जिम्मेदार होता है। यही संदेश इलंगो आडिगल ने 'शिलप्पतिकरम' में स्पष्ट रूप से दिया है, जो कि पाँच महान् तमिल महाकाव्यों में से एक है और करीब 2000 साल पहले रचा गया था।

अब तक मैं उन रणनीतियों के बारे में चर्चा कर रहा था, जिनकी जरूरत प्रबुद्ध नागरिकों के निर्माण के लिए है। अब मैं शासन में पारदर्शिता की चर्चा करूँगा, जो कि लोकतांत्रिक प्रणाली की प्राथमिक आवश्यकता है।

शासन में विश्वास और भरोसा

हम एक दृश्य की कल्पना करते हैं। मैं इसे 'पसीने का दृश्य' कहता हूँ। जब हम कोई राजनीतिक, प्रशासनिक या न्यायिक निर्णय लेते हैं तो हमें खेतों में काम करनेवाले किसान, लहराते समुद्र में जाते मछुआरे, कारखानों में काम करनेवाले कामगार, स्कूलों में पढ़ानेवाले शिक्षक, प्रयोगशालाओं में काम करनेवाले वैज्ञानिक, अस्पतालों में काम करनेवाले स्वास्थ्यकर्मी और ऐसे ही कई अन्य लोगों को याद रखना चाहिए। मैं सरकारी तंत्र को भ्रष्टाचार मुक्त तभी मानूँगा, जब वह उद्‌देश्य सच्ची भावना के साथ, ईमानदारी और लगन तथा उद्‌देश्यपूर्णता के साथ पूरा हो, जिसके लिए वह तंत्र स्थापित किया गया है।

भ्रष्टाचार मुक्त समाज की रचना कैसे की जाए

यहाँ कुछ तरीके इ-गवर्नेंस की मजबूत प्रणाली के लागू करने से जुड़े हैं। मैंने इसकी विस्तृत चर्चा अपने लेख 'पारदर्शी समाज के लिए इ-गवर्नेंस' में की है।

इ-गवर्नेंस पहले से ही हमारी विधायिका, कार्यपालिका और न्यायतंत्र में असर दिखा चुका है। विधायिका तंत्र में शिक्षा का अधिकार कानून-2009, सूचना का अधिकार कानून-2005 और राष्ट्रीय ग्रामीण रोजगार

गारंटी कानून–2005 विधायिका तंत्र के प्रभावशाली कामकाज के कुछ ताज़ा उदाहरण हैं। कार्यपालिका तंत्र में हमने रेलवे आरक्षण प्रणाली समेत कुछ राज्यों में आंशिक इ–गवर्नेंस लागू किया है और देश के तीन विश्वविद्यालयों के संयुक्त प्रयासों के जरिए एक वर्चुअल यूनिवर्सिटी की रचना की है। न्यायपालिका के तंत्र में इ–गवर्नेंस लागू होने से अनेक मुकदमों के त्वरित निपटारे हुए हैं। उच्चतम न्यायालय और कुछ उच्च न्यायालयों के निर्णय अब इंटरनेट पर उपलब्ध हो रहे हैं।

भ्रष्टाचार मुक्त समाज केवल सपना नहीं है, यह पूरी तरह से साकार किया जा सकता है। हमें शासन के ऐसे तरीके की रचना के लिए प्रबुद्ध नागरिक की भूमिका तथा लोकतंत्र के बेहतर कामकाज के लिए ईमानदारी की जरूरत है।

अंतःकरण आत्मा की ज्योति होती है। जब भी सत्य और सत्यनिष्ठा के विरुद्ध कुछ सोचा या किया जाता है, तो यह विरोध का स्वर उठाता है। अंतःकरण सत्य का वह रूप है, जो हमारे स्वयं के कार्यों के ज्ञान तथा गलत से सही के स्वरूप में हमारे जेनेटिक भंडार के जरिए स्थानांतरित होता है। गुणवान और साहसी व्यक्ति ही अंतःकरण के औजार का इस्तेमाल कर सकता है और वही आत्मा के अंदरूनी स्वर को स्पष्ट रूप से सुन सकता है। दुष्ट व्यक्ति में यह गुण मृत होता है। अंतःकरण की संवेदनशील प्रकृति पाप या भ्रष्टाचार से नष्ट हो जाती है और व्यक्ति सही–गलत में भेद करने में असमर्थ हो जाता है। जो संगठनों, व्यावसायिक उपक्रमों, संस्थानों और सरकारों का नेतृत्व कर रहे हैं, उन्हें इस गुण, अपने अंतःकरण के इस्तेमाल करने की योग्यता, का विकास करना चाहिए। इस सिलसिले में मैं एक स्रोत को याद करना चाहूँगा, जिसे मैंने एक आध्यात्मिक केंद्र में सुना था—

जहाँ दिल में सच्चाई हो,
तो चरित्र में सुंदरता होती है।

जब चरित्र में सुंदरता होती है,
तो घर में सामंजस्य होता है।
जब घर में सामंजस्य होता है,
तो देश में व्यवस्था रहती है।
जब देश में व्यवस्था रहती है,
तो विश्व में शांति होती है।

इसमें हृदय, चरित्र, घर, राष्ट्र और विश्व के बीच सुंदर संबंध को बताया गया है। समाज में इसके सारे घटकों के बीच सच्चाई पैदा करनी होगी। पूरे समाज को सच्चाई पर लाने के लिए हमें परिवार में, शिक्षा में, सेवा, कॅरियर, व्यवसाय और उद्योग में, नागरिक प्रशासन, राजनीति, सरकार, कानून-व्यवस्था में सच्चाई के मूल्य बैठाने होंगे और न्याय में सच्चाई लानी होगी।

□

पब्लिक ऑडिट और सुशासन

राष्ट्रीय विकास के मिशन में
पब्लिक ऑडिट भागीदार होता है।

महालेखापरीक्षकों के एक वार्षिक सम्मेलन में मैंने सरकारी परियोजनाओं के बारे में ऑडिटरों की समयबद्ध रिपोर्ट की जरूरत के बारे में बोला था। इससे किसी भी मिशन में पारदर्शिता आती है और उसका काम सुचारु रूप से होता है।

पब्लिक ऑडिट का महत्त्व

सी.ए.जी. (महालेखा नियंत्रक और परीक्षक) ने ऑडिट सिस्टम में निरंतर सुधार किया है और उसने परफॉर्मेंस ऑडिट की अवधारणा लागू की है, जिससे हमारे सिस्टम की गुणवत्ता बढ़ी है। विकासपरक कार्यक्रमों के महत्त्व का अध्ययन, विचलन की पहचान, उसके कारणों की जाँच और बेहतर तरीकों के सुझाव से कई प्रणालियों के प्रदर्शन में सुधार हुआ है। आज ऑडिट सिर्फ आर्थिक पहलुओं तक सीमित नहीं रहता, बल्कि सरकारी कार्यक्रमों की दक्षता और प्रभावशीलता का भी

आकलन करता है। इसके अलावा, सन् 2000 से सी.ए.जी. ने स्वास्थ्य, शिक्षा, शहरी रोजगार सृजन, ग्रामीण रोजगार सृजन, खाद्य सुरक्षा, बुनियादी अधोसंरचना और तीव्र सिंचाई लाभ के कार्यक्रमों के विकास में सरकार की मुख्य विकास योजनाओं का भी काम देखा है। इस प्रकार मुझे दिखाई देता है कि ऑडिट राष्ट्रीय विकास में भागीदार बन रहा है।

मुझे पता है कि जब कभी कोई ऑडिट रिपोर्ट तैयार होती है—जो ऑडिट पैरा के रूप में बदलती है और फिर लोक लेखा समिति द्वारा कुछ परिणाम मौखिक साक्ष्य के रूप में आते हैं—तो सारे विवरणों को न देखे जाने को लेकर बहुत हो-हल्ला मचता है। कई बार यह राजनीतिक उद्देश्यों से होता है। यही कारण है कि आम तौर पर मेरा सुझाव रहता है कि ऑडिट पूरे सिस्टम का होना चाहिए, न कि उसके किसी हिस्से का। जब भी किसी संगठन की समस्याओं के बारे में बताया जाएगा तो कुछ-न-कुछ आलोचना तो हमेशा होगी, लेकिन अगर निष्कर्ष स्थापित तथ्यों के जरिए ठोस तर्कों पर आधारित हैं और परिणाम संगठन के लिए सहायक सिद्ध होने जा रहे हैं, तो ऑडिटरों को विचलित नहीं होना चाहिए।

बंद चक्र दिशा-निर्देश और नियंत्रण

मैं आपको मिसाइल कार्यक्रम के घटना-आधारित अनुभव के बारे में बताता हूँ, जिसमें सी.ए.जी. के मिशन से काफी कुछ समानता है। जब मैं वित्तीय प्रबंधन के क्षेत्र में ऑडिट और सुधारात्मक कार्य देखता हूँ, तो मुझे उड़ान के पथ के मामले में शृंखला के रूप में घटित हो रही तकनीकी घटनाओं की याद आती है। अब मैं अग्नि मिसाइल प्रणाली के प्रक्षेपण का संदर्भ लेता हूँ। यह प्रक्षेपण से लेकर लंबी दूरी के लक्ष्य तक पहुँचने तक नियंत्रित और निर्देशित उड़ान होती है।

प्रक्षेपण के समय (तापमान शून्य से कम) पर स्वचालित प्रक्षेपण नियंत्रण प्रणाली कुछ ही सेकंडों में 600 पेरामीटरों के बारे में परीक्षण करके उड़ने का संकेत देती है। अगर सारे पेरामीटर विशिष्ट चूक समूह के अंदर होते हैं, तो कंप्यूटर आगे बढ़ने का संकेत देता है और मिसाइल उड़ जाती है। मिसाइल पर एक ऑनबोर्ड कंप्यूटर होता है, जिस पर वह विशिष्ट रास्ता दिखाई देता है, जिस पर मिसाइल उड़ान भरने से लेकर प्रभाव बिंदु तक पहुँचने के दौरान चलती है। इस पथ में किसी भी तरह की पहचान दिखती है तो कंप्यूटर उसकी मात्रा का आकलन करता है और मिसाइल की नियंत्रण प्रणाली को लगातार इसकी जानकारी भेजता है। नियंत्रण प्रणाली तीव्र प्रतिक्रिया प्रहारकों का उड़ान की सभी तीनों धुरियों का संचालन करता है, और विचलन को ठीक करके मिसाइल को तुरंत ही अपेक्षित पथ पर ले आता है।

अगर सुधार कार्य तुरंत नहीं हो पाता तो मिसाइल लक्ष्य तक नहीं पहुँचेगी और मिसाइल असफल हो जाएगी। निर्देशन और इसके ऑनबोर्ड कंप्यूटर से नियंत्रण मिसाइल के दिमाग के रूप में काम करता है। मिसाइल की उड़ान के दौरान, कंप्यूटर ही मिसाइल को मिशन की जरूरत और सफलता के लिए लक्ष्य तक उसे पहुँचने का निर्देशन करता है। इस निर्देशित मिसाइल की उड़ान के उदाहरण से मैं निम्न अनुभव आपके बीच बाँटना चाहता हूँ—

1. तीनों धुरियों पर विचलन की निगरानी के लिए तथा मिसाइल को लक्ष्य की ओर भेजने के लिए निर्देशन और नियंत्रण प्रणाली जरूरी होती है। मिसाइल नियंत्रण प्रणाली मिसाइल तक लगातार फीडबैक भेजती रहती है। यह उदाहरण दरशाता है कि निर्देशन और नियंत्रण प्रणाली की भागीदारी से ही मिसाइल लक्ष्य तक पहुँचती है, जो किसी भी तरह के विचलन का अनुमान लगाने में सक्षम होती है और निरंतर सुधार उपलब्ध कराती है। अगर सुधार घटना होने के बाद मुहैया कराया

जाए तो आप पाएँगे कि मिशन सफल नहीं रहा।

इसी तरह से अगर ऑडिटर घटना होने या मिशन के पूरा होने के बाद ऑडिट करता है, तो बहुत सारी कमियाँ ऐसी मिलेंगी, जिन्हें सुधारने के लिए बहुत देर हो चुकी होती है। मुझे विश्वास है कि आप किसी भी तरह की चूक के लिए ऑनलाइन सुधार मुहैया कराने के महत्त्व को समझ गए होंगे।

2. किसी मिसाइल के विकास में 3,000 इंजीनियर और कर्मचारी प्रणोदन (प्रोपल्सन), वायुगतिकी (एयरोडायनामिक्स), संरचना, निर्देशन एवं नियंत्रण, उपकरण लगाने और उड़ान-उत्प्रेरण के क्षेत्र में काम करते हैं। उड़ान की सफलता सिस्टम डिजाइन, सिस्टम एकीकरण, विन्यास प्रबंधन तथा प्रणाली प्रबंधन से तय होती है। क्वालिटी एश्योरेंस ऐंड क्वालिटी कंट्रोल ग्रुप नाम का प्रमुख समूह मिसाइल की टीम के साथ निरंतर काम करता है और डिजाइन से लेकर विकास पूर्णता तक विभिन्न उप-प्रणालियों तथा ऑनलाइन सिस्टम के विचलनों को पता करता है, ताकि एकीकृत मिसाइल मिशन की विशिष्टताओं को भरोसेमंद तरीके से पूरा कर सके। यह सी.ए.जी. के ऑडिट सिस्टम की ही तरह है।

•

कृषि मिशन मॉडल

मैं बताना चाहता हूँ कि सी.ए.जी. किस तरह से किसी मिशन को आरंभ से लेकर ही सही, दिशा में ले जाने में भागीदार बन सकता है। आइए, कृषि मंत्रालय की द्वितीय हरित क्रांति को मॉडल के रूप में लेते हैं।

कृषि मंत्रालय ने घटती जमीन, घटती जल उपलब्धता और घटते मानव संसाधन के बावजूद सन् 2020 तक खाद्यान्न उत्पादन को 340 मिलियन टन तक ले जाने का लक्ष्य निर्धारित किया है। अब हम इसके भागीदारों की पहचान करते हैं। भागीदार हैं किसान, कृषि वैज्ञानिक, मौसम

वैज्ञानिक, कृषि नियोजक, बीज बैंक, पानी तथा सिंचाई प्रणाली के प्रबंधक, जैविक और अजैविक खाद निर्माता, रसायन तथा जैव-कीटनाशक निर्माता, कृषि उपकरण देनेवाली एजेंसियाँ, सहकारिता बैंकिंग प्रणाली और वित्तीय संस्थाएँ, भंडारगृह और गोदाम, खरीद एजेंसियाँ, वितरण प्रणालियाँ और केंद्र तथा राज्य सरकारों के समन्वयकारी मंत्रालय। मिशन की सफलता पूरी तरह से सब भागीदारों के बीच तुल्यकारक एकीकृत काररवाई और एकीकृत नियोजन, फंडिंग, समय नियोजन और उचित क्रियान्वयन पर निर्भर होती है।

अब मैं इस मिशन के विभिन्न चरणों की व्याख्या करता हूँ—

1. विभिन्न क्षेत्रों में उपलब्ध भूमि से अधिकतम खाद्यान्न उपज लेने के लिए पहली जरूरत अच्छी मिट्टी की होती है। एक बार किसी खास इलाके की मिट्टी के गुण पता चल जाएँ, तो उसके अनुकूल बीज (किसी खास अनाज के) और उर्वरक इस्तेमाल किए जा सकते हैं। प्रक्रिया के पहले चरण में मिट्टी की पहचान करनी होगी और तय करना होगा कि किस तरह का बीज उस पर उगाया जा सकता है, साथ-ही-साथ पानी की उपलब्धता भी देखनी होगी।
2. दूसरे चरण में मिट्टी की तैयारी और खाद का इस्तेमाल शामिल होगा, जिसके बाद बुवाई और पौधारोपण होगा। इस चरण में आवश्यक तत्त्व हैं—अच्छी गुणवत्ता के उर्वर बीजों की उपलब्धता, कृषि उपकरणों की उपलब्धता, खाद की उपलब्धता, सहकारिता बैंकों के जरिए धन की उपलब्धता, किसानों का उचित प्रशिक्षण और संसाधनों को अपेक्षित स्थानों तक लाने-ले जाने के लिए परिवहन तंत्र। हम ऐसा कैसे सुनिश्चित कर सकते हैं? परियोजना के तमाम भागीदारों के पास इन संसाधनों की उपलब्धता इस मिशन की सफलता के

लिए सुधारात्मक कार्य है।

3. तीसरे चरण में निराई, कीटनाशकों का इस्तेमाल, समय पर सिंचाई तथा पौधों की स्वस्थ वृद्धि सुनिश्चित करने के लिए पूरक पोषकों का प्रावधान आदि शामिल हैं। यह पूरी तरह से किसान के नियंत्रण में है, जो कृषि वैज्ञानिकों से मिली सलाह पर कार्य करता है। पानी और कीटनाशकों के बारे में मिली जानकारी और ज्ञानवर्धक जानकारी इस चरण में सुनिश्चित की जानी चाहिए।
4. चौथे चरण में कटाई, उपज ढुलाई, भंडारण, समय पर मूल्य निर्धारण, खरीद और वितरण आदि शामिल हैं। इस चरण में हमें सुनिश्चित करना चाहिए कि उपज नमी या बारिश से प्रभावित न हो पाए। गाँवों के पास ही छोटी, मँझोली और बड़ी खत्तियों के रूप में भंडारण की पर्याप्त सुविधा होनी चाहिए। अच्छी परिवहन व्यवस्था भी उपज को बाजार तक ले जाने के लिए चाहिए। इस चरण में कृषि कचरे को भी उत्पाद में बदलने तथा बेचे जाने की जरूरत है। खरीद मूल्य और प्रक्रिया को व्यवस्थित करने तथा सही समय पर करने की जरूरत है, ताकि किसान को अपनी उपज का सही मूल्य मिल सके। अगर अतिरिक्त उत्पादन हो तो खाद्य प्रसंस्करण एजेंसियों को इस अतिरिक्त माल को नष्ट होने से पहले ही मूल्य संवर्धन के जरिए बाजार योग्य उत्पाद बनाना होगा।

इन चारों चरणों के लिए लक्ष्य और समयावधि निर्धारण तथा संसाधन प्रबंधन योजनाओं और उनके उचित क्रियान्वयन की जरूरत है। इन चरणों में सहकारिता बैंकों और समितियों को कर्ज देने, वितरण और मार्केटिंग के लिए खाद की पर्याप्त मात्रा का प्रावधान तथा अच्छे बीजों की निगरानी जैसे कार्य सरकार द्वारा किए जानेवाले हैं, ताकि

खराब और मिलावटी बीज इस्तेमाल न हों। सरकार मौसम अनुसंधान के आँकड़ों के जरिए मानसून के आने के समय की घोषणा करती है, क्योंकि इसका बोनी के समय और समय पर बोनी का सीधा संबंध है तभी अच्छी उपज प्राप्त हो सकती है।

यह खुली चक्र प्रणाली है, जिसमें विभिन्न संगठनों और विभिन्न उद्देश्योंवाले दावेदार शामिल होते हैं। सन् 2020 के पहले कृषि लक्ष्यों को पूरा करने के लिए सालाना लक्ष्यों को सफलतापूर्वक पूरा करने के लिए इस प्रक्रिया के सारे चरणों के समन्वित रूप से काम करने की जरूरत है। सी.ए.जी. आम तौर पर काम पूरा होने के बाद जाँच करता है। मैं चाहता हूँ कि सी.ए.जी. इसमें शामिल हो सके, ताकि वह कृषि मिशन में प्रभावशाली भूमिका अदा कर सके।

अग्रसक्रिय ऑडिटिंग और प्रक्रिया नियंत्रण

अब मैं सी.ए.जी. की भावी चुनौतियों की चर्चा करना चाहता हूँ—

आम आदमी के लिए ऑडिटिंग का मतलब हमेशा गलतियों को उजागर करना ही लगता है, हालाँकि क्या ऑडिटर किसी भागीदारीवाली फर्म में भागीदार की तरह हो सकते हैं? मुझे विश्वास है कि ऐसा हो सकता है, क्योंकि काम करनेवाले और ऑडिटर, दोनों एक ही उद्देश्य के लिए काम कर रहे होते हैं, जो कि नागरिकों को सुशासन उपलब्ध कराने का है। पारदर्शिता तो सुशासन का प्रमुख अंग है। कंप्यूटर की दुनिया में सॉफ्टवेयर डेवलपर प्रोसेस कंट्रोल तंत्र का इस्तेमाल करते हैं, जो सुनिश्चित करता है कि डेवलप किया गया सॉफ्टवेयर किसी तरह की खराबी से दूर रहे, ताकि प्रोग्रामर किसी तरह की गलती से बचा रह सके। सी.ए.जी. भी सूचना प्रौद्योगिकी के परिवेश में प्रोसेस कंट्रोल, निर्देशन और निगरानी का विकास करके यही भूमिका अदा

कर सकता है, ताकि सरकारी और सार्वजनिक क्षेत्र के संस्थानों के वित्तीय प्रबंधन में गड़बड़ियाँ प्रवेश न कर सकें।

इ-गवर्नेंस में भागीदार

सूचना संचार प्रौद्योगिकी (आई.सी.टी.) का ऑडिट सिस्टम में प्रयोग करने से ऑडिटर यह सुनिश्चित कर सकते हैं कि ऑडिटिंग सिस्टम में प्रोसेस कंट्रोल तंत्र बनाया जा सके। यह तंत्र सामरिक नियोजन, परियोजना प्रबंधन, प्रचालन प्रबंधन, रिस्क मैनेजमेंट के तरीके, व्यापार सातत्य नियोजन, वितरित की जानेवाली सेवाओं की गुणवत्ता, ग्राहकों की संतुष्टि आदि तमाम क्षेत्रों के प्रदर्शन की गुणवत्ता सुनिश्चित करेगा। अगर ऑडिटर अपने आपको इ-गवर्नेंस या आई.टी. रिलेटेड कार्यक्रमों से संबद्ध कर लेते हैं तो इससे भागीदारों (यानी हमारे देश के नागरिकों) के बीच धन की कीमत के बारे में विश्वसनीयता और भरोसा बढ़ेगा। सी.ए.जी. की टीम तंत्र के बीच सुरक्षा, मानकों का पालन, आउटपुट में उचित प्रोसेस कंट्रोल और एकता भी सुनिश्चित करेगी।

ऑडिटिंग के लिए इ-गवर्नेंस ग्रिड

सी.ए.जी. केंद्र और राज्य सरकारों तथा सार्वजनिक क्षेत्र की संस्थाओं के साथ ब्रॉडबैंड नेटवर्क के जरिए इ-गवर्नेंस ग्रिड स्थापित करने पर विचार कर सकता है। आई.टी. आधारित परिवेश में तकरीबन कागज विहीन लेखा प्रणाली सी.ए.जी. के काम का हिस्सा और खंड बन सकती है, जो प्रामाणिक और सुरक्षित डिजिटल हस्ताक्षरों समेत इलेक्ट्रॉनिक कैश और क्रेडिट कार्ड लेन-देन पर निर्भर करेगी। कंप्यूटरीकरण पर अविश्वास और गैर-परखे प्रमाणीकरण तंत्र के कारण कागजों का ढेर अब भी ढोया जाता है। ऐसे में हम कंप्यूटर में ही कागजी लेन-देन मात्र करते हैं। इसमें इस तरह से बदलाव होना चाहिए

कि लेन-देन पूरी तरह से डिजिटली ही हो और अपने आप दर्ज होनेवाला हो, ताकि हमारे पास डाटा इंट्री करने के अलावा कुछ समय सोचने के लिए भी बचे। ऐसे में आई.सी.टी. और ऑडिटिंग का मेल आवश्यक है। बैंक और व्यावसायिक प्रतिष्ठान तो आज पहले से ही देश भर में इ-कॉमर्स ट्रांजेक्शन अपना रहे हैं, इसलिए मुझे नहीं लगता कि इसी तरह की योजना सरकारी विभागों में दक्ष एनक्रिप्शन या गूढ़ लेखन के मानदंडों के साथ लागू करने में कोई दिक्कत होगी।

इ-गवर्नेंस ग्रिड के जरिए इ-ऑडिट को लागू करने के लिए निम्न आई.सी.टी. औजारों की जरूरत है—

- गुणवत्ता नियंत्रण,
- इ-ऑडिटिंग सिस्टम,
- परियोजना प्रबंधन,
- बदलाव प्रबंधन,
- रिस्क एसेसमेंट और कंट्रोल,
- मानव संसाधन नियोजन,
- कार्यालयों में तकरीबन कागजविहीन प्रणाली लागू करना तथा
- कामकाज निगरानी प्रणाली।

इससे ऑडिट टीम समय, लागत और कामकाज तथा अनुशंसित उचित सुधारात्मक कार्यों की ऑनलाइन निगरानी मुहैया करा सकती है, ताकि अंतिम परियोजना पूरी हो सके, जबकि प्रक्रिया आगे बढ़ रही हो। ऑडिटिंग के जरिए रुझान में प्रतिमान परिवर्तन का यह प्रकार सी.ए.जी. को हमारे समयबद्ध राष्ट्रीय मिशनों में भागीदार बनाएगा।

महालेखाकार विशिष्ट कार्यपद्धति उपलब्ध करा सकते हैं

वर्तमान में एक सबसे बड़ी चुनौती है—निर्धारित कोष प्रवाह से अधिकतम आर्थिक लाभ कैसे पाया जाए? मेरा मानना है कि यही

सी.ए.जी. की मूल क्षमता है। मैं एक उदाहरण देता हूँ। ग्रामीण रोजगार गारंटी कानून संसद् ने पास किया है। इसके तहत 200 ग्रामीण जिलों में हर जरूरतमंद परिवार को हर वित्तीय वर्ष में कम-से-कम 100 दिन के रोजगार की गारंटी दी जाती है। अपने पूर्व के अनुभवों के आधार पर हम इस कार्यक्रम को सफल कैसे बना सकते हैं? इस कानून के प्रावधानों को पुरा (प्रोवाइडिंग अरबन एमेनिटीज टू रूरल एरियाज) नाम के एकीकृत ग्रामीण विकास कार्यक्रम से जोड़ने की जरूरत है, जैसा कि देश के 'भारत निर्माण' कार्यक्रम में कल्पना की गई है। यह बिलकुल सही समय है कि सी.ए.जी. इ-गवर्नेंस पर आधारित ऑडिट केंद्र और राज्य सरकारों को मुहैया कराए, ताकि ग्रामीण रोजगार सृजन की पूर्व की योजना में पाई गई गड़बड़ियाँ इस बार दोहराई न जाएँ।

इ-कॉमर्स की दुनिया में ऑडिट

हमारा ऑडिट सिस्टम कई सालों में तैयार हो सका है। हालाँकि चीजें बदल रही हैं। दुनिया तेजी से इ-कॉमर्स को अपना रही है और लोगों का अकसर ही वेबसाइट जैसी अमूर्त इकाइयों से वास्ता पड़ता है। इ-कॉमर्स की इस दुनिया में, अच्छे और बुरे दोनों तरह के लोग मौजूद हैं। जहाँ रफ्तार और दक्षता के लाभों पर सवाल नहीं उठाए जा सकते, वहीं इसमें धोखाधड़ी भी संभव है। भारत में इ-कॉमर्स अब भी शुरुआती स्थिति में ही है, लेकिन बहुत जल्द यह लेन-देन का बड़ा हिस्सा हो जाएगा। ऑडिटरों और लेखाकारों के लिए जरूरी हो जाएगा कि वे विशेषज्ञों के साथ मिलकर देश के लिए 'इ-कॉमर्स के बेहतर तरीकों' का नीतिपरक बयान तैयार करें। आज तो यह और भी जरूरी हो गया है, क्योंकि हमारे कुछ सार्वजनिक संस्थान अब बहुराष्ट्रीय होते जा रहे हैं, और उनकी संपत्तियाँ तथा कारोबार विदेशों तक में मौजूद हैं।

सीमा रहित विश्व में ऑडिट

अनेक भारतीय सरकारी संगठन आज विदेशों में कार्यरत हैं और वहाँ कंपनियों का अधिग्रहण कर रहे हैं। उन देशों के नियम और कानून अलग हो सकते हैं। किसी देश में जो सही है, वह जरूरी नहीं कि हमारे देश में भी न्यायोचित हो। ऑडिटरों और लेखाकारों को अंतरराष्ट्रीय व्यापार और लेखाकर्म में पारंगत होना पड़ेगा और इस योग्य बनना पड़ेगा कि वे उन देशों के साथ भी अनवरत रूप से काम कर सकें, जिनके साथ हमारा व्यापार होता है। जल्दी या देर से हम सीमा रहित विश्व में लेखाकर्म देख सकेंगे।

कुछ सुझाव

सी.ए.जी. के सदस्य पिछले पैंसठ सालों से शासन की प्रणाली की वृद्धि और परिपक्वता के लिए योगदान करते आ रहे हैं। सी.ए.जी. सदस्यों को राष्ट्रीय विकास में भागीदार बनाने के लिए मेरे पास निम्न सात सुझाव हैं—

1. ऑडिट टीमें परियोजना के आरंभ से ही राष्ट्रीय कार्यक्रमों के प्रमुखों या अधिकारियों के साथ काम कर सकती हैं। आप पाएँगे कि किसी दस वर्षीय कार्यक्रम में दस से पंद्रह महत्त्वपूर्ण काम होते हैं। पंचवर्षीय कार्यक्रमों में और अधिक हो सकते हैं। यही महत्त्वपूर्ण काम सी.ए.जी. का ऑडिट क्षेत्र हो सकते हैं।
2. ऑडिट का उद्देश्य काम के प्रगति में होने के दौरान ही वास्तविक समय में त्रुटियों की पहचान करना और रचनात्मक सुझाव देना होना चाहिए, ताकि परियोजना का उद्देश्य समय पर पूरा हो सके।

3. कल्याण योजनाओं में कामकाज के ऑडिट का सी.ए.जी. का अनुभव संबंधित मंत्रालय के साथ भी बाँटा जाना चाहिए, जिससे वे भी नई योजनाएँ लागू करते समय उचित सुधारात्मक उपाय कर सकें।
4. ऑडिट पुरानी प्रौद्योगिकियों की इन प्रणालियों की मालसूची के निपटान में भी सहायता कर सकता है। पुरानी प्रौद्योगिकियों की इन प्रणालियों को निरंतर रोके रखने से मौजूदा मानव संसाधन का फालतू में इस्तेमाल होता है और कुछ हद तक संगठन के विकास की राह में भी बाधा ही आती है। मौजूदा सी.ए.डी./सी.ए.एम. प्रणाली की तुलना में हस्त प्रारूपण प्रणालियाँ और परंपरागत खराद तथा मिलिंग मशीनें ऐसे ही उदाहरण हैं, क्योंकि आधुनिक प्रणालियों में डायरेक्ट ड्राफ्टिंग होती है और उत्पाद हासिल करने के लिए मशीन में घटक की फीडिंग की जाती है।
5. सी.ए.जी. एक केंद्रीकृत राष्ट्रीय संपत्ति रजिस्टर बनाने पर भी विचार कर सकता है। इस संपत्ति की मुख्य विशेषताएँ जन-जागरूकता के लिए वेबसाइट पर डाली जा सकती हैं। नियमित रूप से आवधिक आधार पर संपत्ति के स्तर की समीक्षा की जानी चाहिए और उसे अपडेट किया जाना चाहिए, क्योंकि सी.ए.जी. राष्ट्रीय धन का संरक्षक है।
6. सी.ए.जी. आपसी सहमति के आधार पर ग्रामीण रोजगार योजना, पुरा, स्वर्णिम चतुर्भुज योजना आदि राष्ट्रीय महत्त्व की बहुमूल्य योजनाओं के ऑनलाइन ऑडिट सिस्टम पर भी विचार कर सकता है, ताकि धन के अधिकतम मूल्य का समयबद्ध तरीके से उपयोग हो सके।
7. ऑडिटरों को इस तथ्य के प्रति संवेदनशील होना चाहिए कि

इ-कॉमर्स और सीमा रहित विश्व जल्द ही हकीकत बनने जा रहा है और उसके हिसाब से एक नीतिगत कथन तैयार करने की जरूरत है।

आधुनिक अर्थ में ऑडिटिंग गुणवत्ता की विश्वसनीयता का तरीका है। इसे परंपरागत गुणवत्ता नियंत्रण तंत्र से आगे बढ़कर, आंतरिक नियंत्रणों और आत्म-नियंत्रणों की स्थापना के जरिए संस्थानों की गुणवत्ता की विश्वसनीयता तक बढ़ना है। ऑडिट अग्रसक्रिय होना चाहिए और कामकाज में किसी तरह की कमी आने से पहले ही प्रणाली को सतर्क करनेवाला होना चाहिए।

ऑडिटिंग में इ-गवर्नेंस प्रणाली को लागू करना जरूरी है और यह ऑनलाइन प्रोसेस कंट्रोल तथा निर्देशन सुनिश्चित करने में सी.ए.जी. की मदद करेगी। इससे ऑडिटरों और ऑडिट करवानेवालों के बीच भागीदारों के रूप में संवाद बढ़ेगा, क्योंकि दोनों ही राष्ट्र को प्रभावशाली गवर्नेंस देने के समान उद्देश्य के लिए काम करते हैं। योजनागत ऑडिट के अलावा सी.ए.जी. की टीमों को पर्यवेक्षक के रूप में होना चाहिए और इस योग्य होना चाहिए कि तात्कालिक राष्ट्रीय चिंता के क्षेत्रों की पहचान कर सकें और समय पर दखल देकर तुरंत समाधान दे सकें।

□

रक्षा मिशनों में पारदर्शिता

इलेक्ट्रॉनिक गवर्नेंस से पारदर्शिता बढ़ती है।

रक्षा अनुसंधान के क्षेत्र में दशकों काम करने के अपने अनुभव के दौरान मैंने पाया कि रक्षा परियोजनाओं की दक्षता और पारदर्शिता बनाए रखने के लिए समयबद्ध ऑडिटिंग जरूरी है।

भारतीय रक्षा लेखा सेवा

अपने देश को सुरक्षित रखने के इरादे से हमारी रक्षा सेनाओं और रक्षा मिशनों के महत्त्व को देखते हुए यह आवश्यक है कि इन सेवाओं की निरंतर जाँच और परफॉर्मेंस ऑडिट हो। रक्षा लेखा विभाग (डी.ए.डी.) रक्षा सेवाओं के वित्तीय प्रबंधन में सुधार कर रहा है और इन्होंने परफॉर्मेंस ऑडिट की अवधारणा को अपनाया है, जिससे रक्षा मंत्रालय को समूचे रक्षा बजट को अधिक-से-अधिक सही इस्तेमाल करने में मदद मिले।

रक्षा कार्यक्रमों के अध्ययन और त्रुटियों की ओर इशारा करके, उनके कारणों की जाँच करके, बेहतर तरीके अपनाने के सुझाव देकर

कई परियोजनाओं के कामकाज में सुधार हुआ है। आज ऑडिट मात्र आर्थिक पहलू तक सीमित नहीं रह गया है, बल्कि सरकारी कार्यक्रमों की दक्षता और प्रभाव के आकलन का माध्यम भी बन गया है।

शांतिकाल हो या युद्धकाल, रक्षा ऑडिट सिस्टम ने रक्षा मंत्रालय के सभी क्षेत्रों में मूक किंतु प्रभावशाली योगदान दिया है। मुझे ऐसे कई अनुभव हुए हैं, जहाँ वित्तीय विशेषज्ञों के मूल्यवान और समय पर मिली सलाह से वैज्ञानिकों की हमारी परियोजना दलों, प्रौद्योगिकीविदों और प्रबंधकों को रक्षा परियोजनाओं की गति बनाए रखने में मदद मिली है।

रक्षा मिशनों के भागीदार के रूप में रक्षा लेखा

वित्तीय सलाह और ऑडिट दल परियोजना के आरंभ होने के समय से ही रक्षा कार्यक्रमों के प्रमुखों या अधिकारियों के साथ मिलकर काम कर सकते हैं और परियोजना की व्यावहारिकता के अध्ययन में भाग ले सकते हैं। इस संदर्भ में मैं इस बात की चर्चा करना चाहता हूँ कि किस तरह से रक्षा लेखा ने एक महत्त्वपूर्ण कार्यक्रम में प्रभावशाली तरीके से भाग लिया, जो कि कठिन दौर से गुजर रहा था।

यह घटना 1998 की है। 1992 में हलके लड़ाकू विमान के दल ने विमान के लिए डिजिटल फ्लाई-बाई-वायर कंट्रोल सिस्टम (एफ.सी.एस.) लगवाने का निश्चय किया। विमान की अपेक्षित दक्षता बढ़ाने के लिए यह जरूरी था। उस समय देश के पास एफ.सी.एस. विकसित करने का अनुभव नहीं था। केवल फ्रांस और अमेरिका ही दो ऐसे देश थे, जिनके पास आवश्यक अनुभव था। फ्रांसीसी कंपनी (डॉसाल्ट सिस्टम) के पास संकर प्रणालियों में विशेषज्ञता थी, जो कि हमारी सारी डिजिटल फ्लाई-बाई-वायर के लिए जरूरी था। ऐसे में यह सोचा गया कि किसी अमेरिकी भागीदार को रखना ही उचित होगा,

जिसके पास लड़ाकू विमान के लिए एफ.सी.एस. की डिजाइन, विकास और एकीकरण की क्षमता हो। तीन उम्मीदवार थे—जनरल इलेक्ट्रिक कंपनी, जो बाद में एल.एम.सी.एस. (लॉकहीड मार्टिन कंट्रोल सिस्टम, जो अब बी.ए.ई. सिस्टम्स कहलाती है) बन गई, लियर एस्ट्रॉनिक्स और बैंडिक्स। अंत में हमने एल.एम.सी.एस. को अनुबंध के लिए चुना, क्योंकि उसके पास एफ-16 विमानों के लिए एफ.सी.एस. डिजाइन करने का अनुभव था। एफ.सी.एस. के डिजाइन और विकास के लिए ए.डी.ई. (एयरोनॉटिकल डेवलपमेंट एस्टेबिलिशमेंट) और एल.एम. सी.एस. की संयुक्त टीम बनाई गई। भारतीय दल और एल.एम.सी.एस. के दल के कार्य-अंशों की पहचान की गई। सिस्टम के विकास के लिए संयुक्त प्रयास की जरूरत थी। प्रोटोटाइप फ्लाइट कंट्रोल कंप्यूटर सिस्टम का काम ए.डी.ई. ने किया, जबकि फ्लाइट सर्टिफिकेशन एल.एम.सी.एस. ने उपलब्ध कराया।

अनुबंध सन् 1992 से 1998 के बीच धीमी गति से आगे बढ़ा। रक्षा वित्त विभाग निरंतर निगरानी कर रहा था और अनुबंध की प्रगति के लिए प्रोत्साहन उपलब्ध करा रहा था। इसके बाद, जैसा कि आप सभी को मालूम है, भारत ने 11 मई, 1998 को परमाणु परीक्षण किया। जैसे ही यह घटना हुई, अमेरिकी सरकार ने भारत पर प्रौद्योगिकी संबंधी प्रतिबंध लगा दिया। प्रतिबंधों के कारण एल.एम.सी.एस. ने अनुबंध तोड़ दिया और उनके परिसर में मौजूद सारे भारतीय उपकरण, सॉफ्टवेयर और तकनीकी जानकारी अपने नियंत्रण में रख ली।

यह भारतीय दल के लिए निश्चित रूप से बड़ा सदमा था। तुरंत ही मैंने एयरोनॉटिकल डेवलपमेंट एजेंसी (ए.डी.ए.), नेशनल एयरोस्पेस लेबोरेटरीज (एन.ए.एल.), एयरोनॉटिकल डेवलपमेंट एस्टेबिलिशमेंट, सेंटर फॉर आर्टिफिशियल इंटेलीजेंस ऐंड रोबोटिक्स (सी.ए.आई.आर.), हिंदुस्तान एयरोनॉटिक्स लिमिटेड (एच.ए.एल.), नेशनल फ्लाइट टेस्ट सेंटर के साथ-

साथ सुप्रसिद्ध कंट्रोल सिस्टम स्पेशलिस्ट प्रोफेसर आई.जी. शर्मा, प्रमुख डिजिटल कंट्रोल सिस्टम एक्सपर्ट प्रोफेसर टी.के. घोषाल और डी.आर.डी.ओ. तथा इसरो के निर्देशन और नियंत्रण विशेषज्ञों के साथ-साथ अपने चार वित्तीय सलाहकारों की बैठक बुलाई। एफ.सी.एस. की टीम ने इन सदस्यों को एल.एम.सी.एस. द्वारा अनुबंध को एकतरफा तोड़ देने से पैदा हुई स्थिति के बारे में बताया। वित्तीय दल ने सारी चर्चा में हिस्सा लिया। एफ.सी.एस. के विकास के काम को सफलतापूर्वक पूरा करने के लिए अपनाई जानेवाली कार्यपद्धति पर हमने पूरे दिन चर्चा की। लंबी चर्चा के बाद टीम ने एक संरचना विधि पेश की, जिसके द्वारा विकास पूरा हो सकता था और सिस्टम को उड़ान परीक्षणों के लिए प्रमाणित किया जा सकता था। उन्होंने यह भी जिक्र किया कि वे कार्यक्रम में सहयोग देंगे और जो भी क्षमता होगी, वे ए.डी.ई. और ए.डी.ए. के दलों के साथ काम करेंगे। डी.आर.डी.ओ. और ए.डी.ओ. के वित्तीय सलाहकार भी विकास कार्यों में वित्तीय सहयोग देने के लिए आगे आए। उन्होंने अनुबंध को एकतरफा तोड़ने के लिए एल.एम.सी.एस. के खिलाफ उचित काररवाई भी शुरू की।

विशेषज्ञों की अनुशंसाओं के आधार पर हमने तुरंत ही ए.डी.ई. सॉफ्टवेयर के दल में दस अतिरिक्त अनुभवी सॉफ्टवेयर इंजीनियर ए.डी.ए. से लेकर शामिल करके उसे मजबूत बनाया। ए.डी.ए. को सॉफ्टवेयर के सत्यापन और वैधता की जिम्मेदारी सौंपी गई। कंट्रोल लॉ टीम, सॉफ्टवेयर, हार्डवेयर और अनुकरण के बीच होनेवाले विवादों से निपटने और विकास में सहयोग देने के लिए एक एकीकृत उड़ान नियंत्रण प्रणाली समीक्षा समिति भी ए.डी.ई. की अध्यक्षता और ए.डी.ए. के कार्यक्रम निदेशक की सहअध्यक्षता में बनाई गई। यह टीम सप्ताह में एक बार बैठक करती थी और विभन्न केंद्रों में उठनेवाले मुद्दों पर चर्चा करती थी तथा उनके समाधान खोजती थी। इसके अतिरिक्त,

परियोजना निदेशक (फ्लाइट कंट्रोल सिस्टम) की अध्यक्षता में एक समीक्षा समिति बनाई गई और एच.ए.एल., ए.डी.ए., ए.डी.ई., सी.ई.एम.आई.एल.ए.सी. के सदस्य, और नेशनल फ्लाइट टेस्ट सेंटर के टेस्ट पायलट इस समिति के सदस्य रहे। हमने सारी समीक्षाओं में सर्टिफिकेशन एजेंसी (सी.ई.एम.आई.एल.ए.सी.) और निरीक्षण एजेंसी (सी.आर.आई.) की भागीदारी भी शुरू करवाई। इसका उद्देश्य यह सुनिश्चित करना था कि किसी भी प्रणाली में आनेवाली कोई भी समस्या जल्दी-से-जल्दी दृष्टि में आ जाए, ताकि उसका हल खोजा जा सके।

इसके अतिरिक्त, हमने एकीकृत उड़ान प्रणाली के विकास पर होनेवाली मासिक तकनीकी समिति में स्पेशल एजेंडा भी रखा, जिसमें ए.डी.ई., एन.ए.एल., नेशनल फ्लाइट टेस्ट सेंटर के निदेशक और एच.ए.एल. के महाप्रबंधक परियोजना की प्रगति और उसकी समस्याओं के बारे में बताते थे। परीक्षणों की गहनता बढ़ाकर विश्वास बहाली की गई। उदाहरण के लिए, 1,000 घंटों से ज्यादा के अनौपचारिक परीक्षण और 150 घंटों के औपचारिक परीक्षण किए गए। इसी तरह पायलट 2000 घंटों से ज्यादा की उड़ान भरी। इस प्रकार विदेशी भागीदार के अलग होने से हमें जो नुकसान हो रहा था, वह हमने महत्त्वपूर्ण डिजाइन समीक्षा संवर्धित करके और एकीकृत उड़ान नियंत्रण प्रणाली के मैन-रेटिड सुरक्षित डिजाइन सुनिश्चित करने के लिए टेस्ट टाइम बढ़ाकर पूरा किया।

समूची टीम ने अनुबंध रद्द किए जाने को राष्ट्रीय चुनौती के रूप में लिया। अगर पहले उसमें तीन साल लगने थे, तो अब इसे दो सालों में ही पूरा कर लिया। अगर पहले इसकी लागत 20 मिलियन डॉलर होनी थी, तो अब हमने इसे दस मिलियन डॉलर में निपटा लिया। हमने काम को पूरा करने के लिए दिन में चौबीस-चौबीस घंटे काम किया।

उस समय मैंने भारतीय वैज्ञानिक समुदाय की शक्ति और हमारे देश के विकास में रक्षा वित्त विभाग की भागीदारी की जरूरत का अहसास किया। मैंने महसूस किया कि कोई भी देश हम पर प्रौद्योगिकी संबंधी या आर्थिक प्रतिबंध लगाकर हमारे ऊपर हावी नहीं हो सकता। हमारे वैज्ञानिक, प्रबंधकीय और वित्त प्रबंधन दल की सामूहिक ताकत किसी भी देश की चुनौती को पराजित कर सकती है।

आज मैं गर्व से कह सकता हूँ कि हमारे वैज्ञानिकों ने एल.सी.ए. में उड़ान नियंत्रण प्रणाली को डिजाइन किया, विकसित किया, उसका परीक्षण किया, आकलित किया और एकीकृत किया, जिसने 1,620 उड़ान घंटों के साथ चौदह विभिन्न विमानों से 2,528 झंझट मुक्त उड़ानें कीं।

विकास की चुनौती यह थी कि इस श्रेणी के विमान पहली बार डिजाइन किए जा रहे थे और हमने पहली बार बिलकुल प्राथमिक रूप में (प्रोटोटाइप) उन्नत किस्म की डिजिटल फ्लाई-बाई-वायर टेक्नोलॉजी पेश की थी, जो कि अकसर अस्थायी होती है। हमने विदेशी भागीदार के हटने के बाद विमान में खुद अपने बल पर नियंत्रण प्रणाली के परीक्षण और आकलन के लिए जरूरी अंतिम हार्डवेयर और सॉफ्टवेयर तथा अपनी स्वयं की सर्टिफिकेशन टीम का विकास किया, जिसे फ्लाई-बाई-वायर विमान को सर्टिफाई करने का कोई अनुभव नहीं था। टीम ने आत्मविश्वास जुटाया और विमान को उड़ान योग्य सर्टिफाई किया। इस सबसे महत्त्वपूर्ण बात यह कि उन पायलटों ने अनुकरण के अपने उड़ान अनुभव के आधार पर विमान उड़ाया, जिन्होंने पहले कभी प्राथमिक (प्रोटोटाइप) उड़ान नहीं भरी थी।

ईमानदार आत्म-आकलन, अनिश्चितता के क्षेत्र की पहचान तथा समस्याओं के समाधान के समर्पित प्रयास इस कार्यक्रम के महत्त्वपूर्ण पहलू थे। हमारे उद्योग, तथा विद्वत् वर्ग की शक्ति के साथ अनुसंधान और विकास की प्रयोगशालाओं, वायुसेना और रक्षा लेखा विभाग को

एकीकृत करने से हमने असंभव समझे जानेवाले काम को कर दिखाया। यह भारत की 'कर दिखाने' की भावना का प्रदर्शन था।

एल.सी.ए. के प्रति पूरा आदर रखते हुए मैं एक और महत्त्वपूर्ण बात बताना चाहता हूँ। कार्यक्रम के इंजीनियरिंग विकास फेस I के पूरे पैमाने के लिए 2,188 करोड़ की मंजूरी की गई थी। सन् 1993 में कार्यक्रम की मंजूरी होने के साथ ही हमने दो प्रोटोटाइप के निर्माण की कल्पना की थी, जिनके नाम टीडी-1 और टीडी-2 थे। बाद में ए.डी.ए. टीम ने रक्षा वित्त विभाग की भागीदारी के साथ कार्यक्रम को दोबारा तैयार किया और प्रोटोटाइप की संख्या दो से बढ़ाकर चार कर दी। इसे एल.सी.ए. के महत्त्वपूर्ण मील के पत्थरों में शामिल किया जाता है। जिन लोगों ने इस महान् कार्य में भागीदारी की, वे थे के.पी. राव, आर. रामनाथन और शिव सुब्रह्मण्यम। कार्यक्रम के लिए उन्हीं की ऑनलाइन सामूहिक निर्णय प्रक्रिया प्रणाली के कारण यह संभव हो सका। कार्यक्रम के आरंभ होने के दौरान बहुत सा सामान आयात करने का प्रस्ताव था। जब कार्यक्रम आगे बढ़ा तो परियोजना दल ने वित्त विभाग की सलाह से, उन सामानों के स्वदेशी विकास और निर्माण का निश्चय किया, जिससे खर्चे की काफी बचत हुई। इसके साथ ही कार्बन फाइबर कंपोजिट विंग को भी कड़े मोलभाव के जरिए नियोजित रकम से करीब आधे तक कराया गया। इन सारे क्षेत्रों में, वैज्ञानिकों, प्रौद्योगिकीविदों, यूजर सर्विस और वित्तीय विभाग के बीच बेहतरीन भागीदारी रही।

एल.सी.ए. प्रबंधन तंत्र में रक्षा, वित्त सचिव, जनरल बॉडी और गवर्निंग काउंसिल के सदस्य थे। डी.आर.डी.ओ. के अतिरिक्त वित्त सलाहकार तकनीकी समिति के सदस्य थे। निकटता से सुसंबद्ध इस व्यवस्था ने स्वदेशी कार्यक्रम को सफलता दिलाई।

एक और वित्तीय निर्णय सन् 1989 में हुआ था—समवर्ती

अनुसंधान और विकास तथा मौजूदा उत्पादन मंजूरियों की प्रणाली का। रक्षा अनुसंधान परियोजनाओं में आमतौर पर अनुसंधान और विकास वित्तीय अनुमति पहले की जाती है, जिसके बाद उत्पादन की बारी आती है। ऐसा एक साथ करके न केवल समय बचाया गया, बल्कि यह आर ऐंड डी (अनुसंधान और विकास) टीम में विश्वास को भी दरशाता था कि उसका काम उत्पादन शुरू करने के लिहाज से काफी अच्छा था। उस समय हमने पृथ्वी का सिर्फ एक सफल उड़ान परीक्षण किया था। जब परियोजना दल ए.के. घोष से मिला तो रक्षा बजट की विभिन्न गतिविधियों के लिए वित्तीय तंगी के बावजूद रक्षा सेवा वित्तीय सलाहकार को सही समय पर पृथ्वी प्रणाली के समवर्ती उत्पादन के लिए धन मिल गया। मिसाइल कार्यक्रम के लिए यह एक बड़ी सफलता थी। आज अच्छे डिजाइन और रक्षा वित्त विभाग के सहयोग के कारण दो सामरिक मिसाइलों का उत्पादन हो रहा है।

रक्षा लेखा और भारत 2020 विजन

ज्वॉइंट आई.एफ.ए. ऋचा मिश्रा ने एक व्याख्यान में मुझसे पूछा, 'भारत 2020 विजन हासिल करने में रक्षा लेखा की क्या भूमिका है?'

मेरा उत्तर था कि रक्षा मंत्रालय का बजट सबसे ज्यादा बजट व्ययों में शामिल होता है। हमने देखा है कि रक्षा अनुसंधान और विकास, रक्षा उत्पादन, रक्षा प्रशिक्षण केंद्रों और अनुरक्षण केंद्रों के पास भारी क्षमता है। हर साल रक्षा उत्पादन विभाग-अपने रक्षा उत्पादन केंद्रों और ऑर्डिनेंस फैक्टरियों के जरिए देश के लिए अरबों डॉलर मूल्य के उत्पादों और प्रणालियों का उत्पादन करता है। अब समय आ गया है कि हम गोपनीयता का कथित आवरण हटाएँ और अंतरराष्ट्रीय बाजार में विशिष्ट उत्पादों, प्रणालियों, प्रशिक्षण तथा अनुरक्षण पैकेजों की आक्रामक मार्केटिंग करें। रक्षा उत्पादों की मार्केटिंग पब्लिक-प्राइवेट पार्टनरशिप

उपक्रमों के जरिए की जानी चाहिए। डी.ए.डी. को अंतरराष्ट्रीय बाजार में रक्षा उत्पादों की मार्केटिंग के लिए प्रणाली विकसित करनी होगी। रक्षा बजट राष्ट्रीय बजट के 20 प्रतिशत से ज्यादा का है, इसलिए रक्षा मंत्रालय की यह जिम्मेदारी है कि वह रक्षा प्रणालियों की अंतरराष्ट्रीय बाजार में आक्रामक मार्केटिंग करे और वित्तीय बोझ को घटाए। बदले में यह भारत 2020 के हमारे विजन में सहायक होगा।

इ-गवर्नेंस और रक्षा लेखा

मैंने एक प्रेस रिपोर्ट देखी थी, जिसमें विश्व की दस सर्वश्रेष्ठ इंट्रानेट के बारे में बताया गया था। मैंने पाया कि अमेरिका की रक्षा, वित्त और लेखा सेवाएँ इस रिपोर्ट में सबसे ऊपर थीं। मुझे विश्वास है कि हमारे देश में आई.टी., वित्त और लेखा क्षेत्र में मौजूद मूल दक्षता के बल पर भारतीय रक्षा वित्त निश्चित रूप से देश में और यहाँ तक कि पूरे विश्व में सबसे अच्छा इंट्रानेट बन सकता है। हम वी.पी.एन. ब्रॉडबैंड नेटवर्क के जरिए थलसेना, नौसेना, वायुसेना, रक्षा अनुसंधान और विकास तथा रक्षा उत्पादन विभाग में एक सुरक्षित सी.जी.डी.ए. (रक्षा लेखा महानियंत्रक) इ-गवर्नेंस ग्रिड स्थापित करने पर विचार कर सकते हैं। किसी आई.टी. आधारित परिवेश में, प्रमाणित तथा सुरक्षित डिजिटल हस्ताक्षरों समेत इलेक्ट्रॉनिक लेन-देन पर आधारित लगभग कागजविहीन इ-गवर्नेंस और लेखा व्यवस्था को सी.जी.डी.ए. का अंग तथा विभाग बनना होगा। इस सिलसिले में मेरा सुझाव है कि सी.जी.डी.ए. इकाइयों को नकद एसाइनमेंट और पेशगी लेखा के प्रबंधन के लिए क्रेडिट कार्ड जारी करने पर विचार करे।

कुछ सुझाव

वित्तीय सलाहकारों को प्रणाली वित्त प्रबंधकों में बदलना होगा।

इसका अर्थ है, किसी प्रणाली के किसी एक अंग को देखने के बजाय वे समूची प्रणाली पर ध्यान केंद्रित करें। परियोजना या कार्यक्रम का प्रदर्शन और लागत कार्यक्रम आकलन तथा समीक्षा तकनीकों को वित्त एवं ऑडिट, आर ऐंड डी, उत्पादन और सेवा समुदायों के लिए सामान्य संदर्भ केंद्र बनना होगा। जब मैं रक्षा अनुसंधान एवं विकास विभाग का सचिव (1992–2000) था, तब आर. रामनाथन मेरे वित्तीय सलाहकार थे। वे हर फाइल को एक दिन या अधिकतम तीन दिनों में अपने विचारों के साथ निपटा देते थे। तीव्र और विचारयुक्त कार्य मिशन मोड संचालन के लिए बहुत उपयोगी होता है। वित्तीय दल को 'कैसे न किया जाए' के बजाय 'कैसे किया जाए' की सलाह की जरूरत होती है।

रक्षा लेखा सेवा के सदस्य पिछले 250 सालों से रक्षा मंत्रालय की शासन प्रणाली के विकास और परिपक्वता के लिए योगदान कर रहे हैं। सी.जी.डी.ए. के सदस्यों को राष्ट्रीय सुरक्षा का भागीदार बनाने के लिए मैं पाँच सुझाव देना चाहूँगा, जो कि निम्नानुसार हैं—

1. क्या ऑडिट जानकारियों को ऑडिट पैराग्राफों में बदलने देना और ऑडिट पैराग्राफों को लोक लेखा समिति के सामने मौखिक प्रमाण में बदलने देना सही रहेगा? मुझे विश्वास है कि उपयोगकर्ता, रक्षा अनुसंधान और विकास, रक्षा उत्पादन और आपूर्ति, रक्षा वित्त और सी.ए.जी. के बीच गहन भागीदारी के जरिए, हम प्रणाली में उठनेवाली प्रक्रियागत त्रुटियों के समाधान के लिए वास्तविक समय में विचलन की पहचान करनेवाले तंत्र के बारे में विचार कर सकते हैं। यहाँ मैं एक उदाहरण देना चाहता हूँ। जब मैंने सन् 1982 में डी.आर.डी.ओ. का काम सँभाला, तब वहाँ 1500 से अधिक ऑडिट प्रश्न और बीस से अधिक ऑडिट पैराग्राफ लंबित थे, जिनमें से अनेक लोक लेखा समिति के सामने मौखिक सबूत बनने योग्य

थे। वैज्ञानिक, रक्षा लेखा सदस्य और सी.ए.जी. तथा स्वयं मैंने तीन दिन कार्य किया, सारी फाइलों का अध्ययन किया और स्पष्टीकरण मँगाए। पाया गया कि कुछ मामलों में तकनीकी दलों ने ऑडिट टीम के सामने सही तरह से समस्या स्पष्ट नहीं की थी और कुछ मामलों में ऑडिट टीम को तकनीकी आवश्यकताओं की पूरी समझ नहीं थी। स्पष्टीकरण और विचार-विमर्श के बाद कार्यदल ने ऑडिट प्रश्नों को दस से कम कर दिया और ऑडिट पैराग्राफ दोबारा तैयार करने के लिए भेजे गए। इससे साबित होता है कि वित्त, ऑडिट और उपयोगकर्ता के बीच गहन भागीदारी से प्रतिष्ठानों में त्रुटि मुक्त मजबूत प्रबंधन प्रणाली स्थापित कर सकते हैं।

2. रक्षा लेखा विभाग एक सेवा संगठन है। सेवा प्रदाता का दायित्व है कि वह ग्राहकों या उपभोक्ताओं को पूरी संतुष्टि प्रदान करे। समूची सी.जी.डी.ए. प्रणाली इस तरह से डिजाइन की जानी चाहिए कि वह उच्चस्तरीय प्रभावशीलता और दक्षता के साथ ग्राहकों को संतुष्टि दे और न्यूनतम बरबादी हो। मैंने देखा कि यह उन सारे रक्षा प्रतिष्ठानों में, यहाँ तक कि सियाचिन में भी हो रहा है, जहाँ-जहाँ मैंने दौरा किया। जवानों की वेतन जरूरतों में देरी नहीं की जाती। साथ ही पेंशन लाभ भी सेवानिवृत्ति के दिन ही दे दिए जाते हैं।
3. रक्षा लेखा सेवा प्रतिष्ठानों और उत्पादन एजेंसियों को पुरानी प्रौद्योगिकियों की अनेक परिसंपत्तियों के निपटारे में सहायता कर सकता है।
4. सांगठनिक गतिविधि के हर क्षेत्र में आई.सी.टी. के महत्त्वपूर्ण रोल को देखते हुए सी.जी.डी.ए. को सेवाकार्मिकों और प्रतिष्ठानों के दावों की इलेक्ट्रॉनिक फाइलिंग शुरू करने पर

भी विचार करना चाहिए। शुरुआत टी.ए./डी.ए. दावों से करनी चाहिए, और फिर एल.टी.सी., प्रोविडेंट फंड एडवांस दावों में भी इसे अपनाना चाहिए।

5. देश में निजी और सार्वजनिक क्षेत्रों में बहुत सारे वित्तीय सलाह, लेखा और ऑडिटिंग संगठन हैं। इन सारे संगठनों का एक सामूहिक मंच बनाना उपयोगी हो सकता है, ताकि ये एक-दूसरे के नवीन विचारों के बारे में जान सकें। सी.जी.डी.ए. इस तरह के मंच की रचना की पहल कर सकता है, जिसमें विभिन्न संगठनों के विशेषज्ञ मिलकर काम करें और ऐसे क्षेत्रों का विकास करें, जिन्हें आगे चलकर सहयोगी संगठनों के रूप में इस्तेमाल किया जा सके। यह संवाद और विचारों का विनिमय सभी संगठनों में नए विचारों का सृजन करेगा।

□

प्रत्येक नागरिक के लिए शासन

जहाँ ह्रदय में सच्चाई हो, वहाँ चरित्र में सुंदरता होती है।

राष्ट्र में बदलाव

मैं अपने जीवन में तीन भारत देख चुका हूँ। पहला मेरे बचपन में, जब भारत विदेशी उपनिवेश था और स्वतंत्रता के लिए संघर्ष कर रहा था। महात्मा गांधी, पंडित जवाहरलाल नेहरू और अन्य अनेक नेताओं जैसे महानायकों ने स्वतंत्रता का सपना देखा था।

दूसरा भारत सन् 1947 के बाद का था, जो स्वतंत्र तो था किंतु अंतरराष्ट्रीय स्तर पर प्रतिष्ठा के लिए जूझ रहा था और उपनिवेशवादी शासन से हुए नुकसान से उबर रहा था। उस भारत में यह आशा की जा रही थी कि एक दिन देश खाद्यान्न के मामले में आत्मनिर्भर होगा, उसकी अर्थव्यवस्था मजबूत होगी और उसे अंतरराष्ट्रीय जगत् में वह सम्मान मिलेगा, जिसका कि वह सचमुच हकदार है। अनेक नेताओं, वैज्ञानिकों, नौकरी-पेशा लोगों और समाज-सुधारकों ने दशकों तक इस देश को तराशकर उसे इसका वर्तमान गौरव—सामाजिक समानतावाले आर्थिक विकास तथा प्रखर लोकतंत्र—तक पहुँचाया।

इसके बाद मैंने तीसरा भारत देखा, जो युवाओं का है। यह अवसरों की भूमि है, उस वृद्धि की भूमि है, जिसकी पहले दर अकल्पनीय थी; मजबूत कार्यशक्ति की भूमि है, प्रौद्योगिकीय नेतृत्व की भूमि है। छह दशक पहले, कुछ ही लोग यह कल्पना कर पाते थे कि अकसर लोकतंत्र का प्रयोग कहलानेवाला विविधता युक्त देश आखिरकार इस विश्व की दस अर्थव्यवस्थाओं में अपना स्थान बना सकेगा, विश्वस्तरीय शैक्षणिक संस्थान स्थापित कर सकेगा और चंद्रमा की सतह पर पानी की खोज करनेवाला पहला देश बनेगा।

मैंने जो तीन भारत देखे, वे एक-दूसरे से बहुत अलग हैं, और निस्संदेह गरीबी, निरक्षरता और भ्रष्टाचार समेत अब भी बहुत सारे मसले हैं, जिनका हमें नागरिक के तौर पर समाधान करना है।

सभी को सुशासन उपलब्ध कराने और देश को पूर्ण विकसित देश बनाने के लक्ष्यों को हासिल करने के लिए विकास के राष्ट्रीय आंदोलन की जरूरत है। इस आंदोलन में हर नागरिक, लोकतंत्र के हर घटक को भाग लेना होगा। इस आंदोलन में भाग लेनेवाले लोग किस तरह के होंगे? नागरिकों की भागीदारी कई महत्त्वपूर्ण क्षेत्रों में हो सकती है—

- पहुँचविहीनों तक पहुँच,
- मानव संसाधन विकास,
- उद्यमशीलता विकास,
- महिलाओं की भूमिका,
- पर्यावरण तथा
- राजनीतिक प्रणाली में युवाओं की भागीदारी।

पहुँचविहीनों तक पहुँच—ग्रामीण विकास

सरकार ने कृषि क्षेत्र में कर्ज की उपलब्धता बढ़ाई है। नाबार्ड

और बैंकिंग तथा वित्तीय संस्थाओं को किसानों को लघु ऋण और लघु निवेश उपलब्ध कराने के झंझट मुक्त तरीके खोजने के लिए मिलकर काम करना होगा, ताकि वे शोषणकारी तत्त्वों के चंगुल से मुक्त हो सकें। इसके साथ ही कृषि अनुसंधानकर्ताओं, शैक्षणिक संस्थाओं के विस्तार कार्मिकों, गैर-सरकारी संगठनों और उद्योग जगत् को किसानों के साथ निकटता से काम करना होगा और उन्हें उपज बढ़ाने, भंडारण, खाद्य प्रसंस्करण तथा मार्केटिंग के योग्य बनाना होगा। इसके अलावा, उन्हें किसानों को तैयार करना होगा कि वे 'एक उत्पाद प्रति ग्राम समूह' की तर्ज पर गैर-कृषि कार्य अपनाएँ, ताकि गाँव की मूल क्षमता पर आधारित उत्पादों के निर्यात को प्रोत्साहित किया जा सके, जो कि कुल मिलाकर ग्रामीण क्षेत्र के टिकाऊपन को बढ़ाएगा। बीमा कंपनियों को किसानों के नुकसान के खतरों को कम करने के लिए उन्हें लघु ऋण, फसल बीमा और पशुधन बीमा के साथ-साथ कम लागत का चिकित्सा बीमा उपलब्ध कराना होगा।

इसी तरह से मोबाइल डायग्नोस्टिक क्लीनिक जैसी इकाइयाँ पहुँचविहीन लोगों तक चिकित्सा सुविधा पहुँचाने के लिए जिला स्तर पर चलानी होंगी, जैसे कि उत्तराखंड में चलाई जा रही हैं।

हाल ही में मुझे कानूनी सहायता केंद्रों, मध्यस्थता और समझौता केंद्रों, चलित अदालतों और लोक अदालतों के साथ-साथ कार्य के दिन और कार्य के घंटे बढ़ाकर न्याय के तीव्र वितरण के कई उपाय हमारी न्यायिक व्यवस्था में देखने को मिले। चलित अदालतों को गाँवों तक पहुँचाकर और ग्रामीण नागरिकों को उनके द्वार पर न्याय पहुँचाकर ये सारी योजनाएँ लागू की जा सकती हैं।

कॉरपोरेट क्षेत्र को विकास के लिए ग्रामीण क्षेत्रों में पहुँचने पर विचार करना होगा, क्योंकि कॉरपोरेट सामाजिक दायित्व का यह

आवश्यक घटक है। संचार के प्रभुत्ववाले जगत् में संचार की सुविधा अधिकार प्राप्त लोगों से पहुँचविहीन लोगों तक पहुँचाना हमारी प्रौद्योगिकी क्रांति की प्रक्रिया का अंग होना चाहिए।

मानव संसाधन विकास

वर्तमान में हमारी विश्वविद्यालय प्रणाली हर साल 30 लाख स्नातक और स्नातकोत्तर पैदा करती है तथा दसवीं और बारहवीं के बाद रोजगार तलाशनेवाले छात्र-छात्राओं की संख्या हर वर्ष 70 लाख के करीब है। इस प्रकार, करीब एक करोड़ युवा हर साल रोजगार के बाजार में आ जाते हैं। इक्कीसवीं सदी में भारत को बड़ी संख्या में उच्च शिक्षा प्राप्त प्रतिभाशाली युवाओं की जरूरत ज्ञान ग्रहण करने के लिए, ज्ञान प्रदान करने के लिए, ज्ञान सृजन और ज्ञान बाँटने के लिए होगी। वर्तमान में भारत में पच्चीस साल से कम आयु के लाखों युवा हैं। यह संख्या सन् 2050 तक निरंतर बढ़ेगी। इस बात को ध्यान में रखते हुए विश्वविद्यालयों और शैक्षणिक प्रणालियों को दो कैडर के कर्मचारी तैयार करने होंगे—(i) विशिष्ट कौशल के विशिष्ट ज्ञानवाले कुशल युवाओं को ग्लोबल कैडर, (ii) उच्च शिक्षा प्राप्त युवाओं का ग्लोबल कैडर। इन दोनों कैडरों की जरूरत न केवल भारत के निर्माण और सेवा क्षेत्रों को है, बल्कि विभिन्न देशों के मानव संसाधनों को पूरा करने के लिए भी है। इस प्रकार विश्वविद्यालय और सेकंडरी स्कूल शिक्षा प्रणाली को पास होनेवाले छात्राओं की संख्या बढ़ाने के लिए काम करना होगा।

उच्च शिक्षा प्रणाली से बाहर रहे अनेक भारतीयों के पास भी निर्माण, काष्ठकारी, विद्युत् प्रणाली, यंत्रों की मरम्मत, फैशन डिजाइन, पैरालीगल, पैरामेडिकल, लेखा, विक्रय और मार्केटिंग, सॉफ्टवेयर और हार्डवेयर अनुरक्षण और सर्विस तथा सॉफ्टवेयर गुणवत्ता विश्वास

जैसे अनेक क्षेत्रों में विश्वस्तरीय दक्षता होती है। हर भारतीय के पास या तो विश्वस्तरीय उच्च शिक्षा या विश्वस्तरीय कौशल होना चाहिए।

यह बहुत महत्त्वपूर्ण काम है, जिसमें सभी विश्वविद्यालयों, शिक्षाविदों, कॉलेजों, व्यावसायिक प्रशिक्षण संस्थानों, सर्टिफिकेशन एजेंसियों, बैंकिंग प्रणालियों और औद्योगिक उद्यमों का योगदान हो सकता है। यह उचित संख्याओं के आकलन, राष्ट्र-निर्माण से संबंधित पाठ्यक्रम तैयार करने, अधोसंरचना की जरूरतें उपलब्ध कराने, शिक्षकों का स्तर सुधारने, शिक्षक-छात्र अनुपात सुनिश्चित करने, टेली एजूकेशन के जरिए वर्चुअल नॉलेज वाली कक्षा की शिक्षा बढ़ाने, और इस सबसे बढ़कर विद्यार्थियों को रोजगार-योग्य कौशल में अंतरराष्ट्रीय प्रतिस्पर्धा का सामना करने लायक बनाना सुनिश्चित करके किया जा सकता है।

प्रणालियाँ इस तरह से तैयार करनी पड़ेंगी कि किसी इच्छुक और सक्षम युवक को स्तरीय शिक्षा से वंचित न रहना पड़े। शिक्षा प्रणाली को कुछ निश्चित एकरूप मानदंड भी अपनाने होंगे। ये इस बात के उदाहरण हैं कि सरकार को ऐसा माहौल तैयार करने के लिए क्या करना चाहिए, जिसमें हमारे युवा राष्ट्र को समृद्ध करने में अपने ज्ञान-कौशल का इस्तेमाल कर सकें।

उद्यमशीलता का विकास

उद्यमिता की ओर रुझान स्कूल के समय से ही शुरू हो जाना चाहिए। शिक्षकों को स्कूलों में ही राष्ट्रीय विकास में उद्यमिता की भूमिका को रेखांकित करना चाहिए। कॉलेज के दौरान छात्र-छात्राओं को व्यवसाय विकास अवसरों की जानकारी दी जानी चाहिए और नए उद्यम पैदा करने की ट्रेनिंग दी जानी चाहिए। अभिभावकों को चाहिए

कि वे अपने बच्चों को शिक्षा में नई-नई राहें चुनने के लिए प्रोत्साहित करें। हमें 'विचार ही धन है' की मानसिकता तैयार करनी होगी।

सरकार को ऐसा सुविधाजनक माहौल तैयार करना पड़ेगा, जिसमें नवीन विचारों के लिए समानांतर सुरक्षा के बिना जोखिम पूँजी के प्रावधान हो सके। विश्वविद्यालयों और इंजीनियरिंग तथा प्रबंधन संसाधनों को बैंकों और धन उपलब्ध करानेवाली अन्य एजेंसियों के साथ कारोबार जमाने की प्रक्रिया सरल करने के लिए और परियोजना के आत्म-टिकाऊ तथा व्यावहारिक बनने तक उद्यमियों के साथ काम करने के लिए प्रयास करना चाहिए। सरकार की प्रक्रियाओं को ऐसा होना चाहिए कि स्वस्थ प्रतिस्पर्धा के लिए स्तरीय खेल का मैदान तैयार करके उद्यमिता में नई भारतीय प्रतिभा की पहचान की जा सके और उसे मान्यता दी जा सके। जो नागरिक वहन कर सकते हों, उन्हें खुद ही ऐसे नए उपक्रमों को धन उपलब्ध कराने के लिए आरंभिक निवेशक बनना चाहिए या जोखिम पूँजी संगठन शुरू करने चाहिए। बड़े और लघु उद्योगों को युवा उद्यमियों को प्रोत्साहित करने और उन्हें भागीदार बनाने के लिए खुले मन से काम करना चाहिए।

महिलाओं की भूमिका

परिवार और देश को आकार देने में महिलाओं की भूमिका महत्त्वपूर्ण है। वे सामाजिक उत्थान में बहुत योगदान कर सकती हैं। मुझे कोयंबटूर में चलनेवाली एक परियोजना 'सिरुतुली' देखने को मिली। बड़े पैमाने पर वर्षाजल संचयन और जल निकायों को फिर से सँवारने, वन लगाने, सीवेज और खराब पानी ट्रीटमेंट और ठोस कचरा प्रबंधन में जीवन के बहुत सारे क्षेत्रों के बहुत सारे लोगों को जोड़ा गया है। एक गृहिणी ही इस परियोजना का नेतृत्व कर रही है। इसी

तरह से सेवा भी एक संगठन है, जिसे एक महिला ने ही शुरू किया था और वह गुजरात में बड़ी संख्या में महिलाओं की जिंदगी सुधारने में मददगार रहा है। देश भर में ऐसे ही अनेक उदाहरण हैं। देश की अनेक पंचायतों में महिला सदस्य हैं, जो विभिन्न ग्रामीण योजनाओं का नेतृत्व कर रही हैं। जरा सोचिए, हमारे 600,000 गाँवों में इस तरह के कार्यों से कितना बड़ा परिवर्तन हो सकता है!

पर्यावरण

नागरिकों की देशव्यापी भागीदारी से ही पर्यावरण को स्वच्छ बनाया जा सकता है। पर्यावरण को स्वच्छ करने के लिए लोग टीम बनाकर भागीदारी कर सकते हैं। पंजाब की काली बीन नदी की सफाई ऐसा ही एक उदाहरण है। स्वच्छ पर्यावरण आंदोलन के महत्त्व के बारे में श्रद्धालुओं को समझाने में आध्यात्मिक गुरु महत्त्वपूर्ण भूमिका निभा सकते हैं, जिससे उर्वर मस्तिष्कों के विकास को भी प्रोत्साहन मिलेगा। रिहाइशी इलाकों में स्वच्छता के बारे में जागरूकता फैलाने के लिए स्थानीय समूह बनाए जा सकते हैं। कल्याण संघ, एन.सी.सी. कैडेट, स्काउट, गाइड और एन.एस.एस. के स्वयंसेवक सक्रिय होकर इन समूहों का निर्माण कर सकते हैं।

उद्योगपतियों को अपने सभी संस्थानों में पर्यावरण के निर्धारित मानदंडों का पालन करना चाहिए और विशिष्ट योग्यताओंवाले नागरिकों के अनुकूल इमारतें बनानी चाहिए। सरकारी कर्मचारियों को अपने कार्यालयों और उनके पर्यावरण को स्वच्छ रखना चाहिए। अभिभावकों और शिक्षकों को युवा नागरिकों के बीच पर्यावरण-अनुकूल उपायों की जरूरत पर बल देना चाहिए। नागरिकों को हर वर्ष अपने पड़ोस में पौधे लगाने चाहिए और उनकी देखभाल करनी चाहिए।

हमारी सार्वजनिक अधोसंरचना, हवाई अड्डे, रेलवे स्टेशन, बस अड्डे, समुद्री बंदरगाह और अस्पताल ही अंतरराष्ट्रीय जगत् में देश का चेहरा बनते हैं। नागरिकों समेत यह सभी भागीदारों की जिम्मेदारी है कि वे सभी सार्वजनिक संस्थानों की सफाई को प्रोत्साहित करें।

राजनीतिक प्रणाली में युवाओं की भागीदारी

युवाओं को बड़ी संख्या में राजनीति को कॅरियर बनाना चाहिए। राजनीतिक विज्ञान को सभी छात्रों के लिए सेकंडरी स्तर से कॉलेज स्तर तक पाठ्यक्रम का हिस्सा बनाना चाहिए और उसमें विकासपरक राजनीति पर जोर देना चाहिए। नागरिकों को सक्रिय होकर ऐसे उम्मीदवारों को चुनने के लिए वोट डालने चाहिए, जो ईमानदारी के काम करने के लिए जाने जाते हों। कानूनविदों और पेशेवरों को नागरिकों को राजनीतिक प्रक्रिया, संविधान, नागरिकों के अधिकार और कर्तव्यों के बारे में शिक्षित करना चाहिए। इसी तरह कई अन्य महत्त्वपूर्ण काम हैं, जैसे केंद्रित मिशन के जरिए हर नागरिक तक शिक्षा की पहुँच बनाना, गरीबी रेखा से नीचे रहनेवाले नागरिकों का उत्थान करना और कृषि सुधार करना। इसी तरह से अदालतों में लंबित मुकदमों को समय सीमा के अंदर निपटाने के लिए आंदोलन हो सकता है। न्यायपालिका और बार एसोसिएशनों को सुनिश्चित करना चाहिए कि आम नागरिकों को त्वरित और निष्पक्ष न्याय मिले। नागरिक माँग करते हैं कि हमारे पुलिस बल को पारदर्शी और कार्योन्मुखी होना चाहिए, इसलिए यह भी आवश्यक है कि पुलिस थाने इलेक्ट्रॉनिकली कनेक्टेड हों और साथ में पुलिस बल को उचित आवास, स्वच्छता सुविधाएँ, चिकित्सा व्यय और बच्चों की पढ़ाई

जैसे जीवन की बेहतर गुणवत्ताएँ भी प्रदान की जाएँ। इससे उन्हें शांतचित्त से अपने काम पर एकाग्र होने का मौका मिलेगा और पुलिस बल बेहतर काम कर सकेगा। इस सबसे ऊपर हमारी आबादी का आधा हिस्सा महिलाएँ होती हैं। उनके सम्मान की सुरक्षा करनी चाहिए और उन्हें निर्णय लेनेवाली संस्थाओं में उचित प्रतिनिधित्व मिलना चाहिए। हमारी पंचायतें सच्चे अर्थों में ग्रामीण नागरिकों का प्रतिनिधित्व करती हैं और उन्हें सुनिश्चित करना चाहिए कि उनके इलाके में ग्रामीण विकास के लिए आवंटित धन का निर्धारित मद में उचित तरीके से व्यय हो।

राष्ट्रीय सुरक्षा

हमारी सशस्त्र सेनाएँ और अर्धसैनिक बल हमारी भू, वायु और समुद्री सीमाओं की देखभाल के लिए दिन-रात जागती हैं। वे किसी भी खतरे से निपटने के लिए चौकस रहती हैं और राष्ट्रीय विकास को निर्बाध रूप से होने देती हैं। मैंने सियाचिन ग्लेशियर के दौरे पर खुद ही यह अनुभव किया, जो 17000 फुट की ऊँचाई पर स्थित है। तेज हवाओं के बीच शून्य से 35 डिग्री सेंटीग्रेड कम का तापमान भी हमारे साहसी जवानों को डिगा नहीं पाता।

एक अन्य मौके पर, जब मैं भारतीय नौसेना की पनडुब्बी में था, तब मैंने नौजवान नाविकों और नौसेना अधिकारियों को पानी के अंदर खामोश माहौल में दक्षता और सतर्कता से काम करते और भारतीय समुद्र में चहुँओर सुरक्षा के मिशन पर एकाग्र देखा।

जब मैं भारतीय वायुसेना की 20 स्क्वॉड्रन के साथ था, तब मैंने प्रत्यक्ष देखा कि किस तरह से हमारे लड़ाकू पायलट राडार मिसाइलों और ई.डब्ल्यू. प्रणालियों के जरिए कई लक्ष्यों से आनेवाली किसी भी चुनौती का सामना करते हैं। हम अपने सशस्त्र सेनाओं

के वीर कार्मिकों के पराक्रम, प्रतिबद्धता और कर्तव्य के प्रति समर्पण को मानते हैं।

हमारी पुलिस, अर्धसैनिक बल और खुफिया एजेंसियाँ एक-दूसरे की पूरक बनकर हमारे नागरिकों को अपराधियों और उग्रवादियों को सुरक्षा मुहैया कराते हैं। इन बलों के कई सदस्यों ने लोगों की, ध्वज और देश की सुरक्षा के लिए अपने प्राण न्योछावर किए हैं। हम उन्हें सलाम करते हैं।

हमारे कॉलेज और विश्वविद्यालय से सिर्फ उत्कृष्ट उद्यमी और शोधकर्ता ही पैदा नहीं करने चाहिए, बल्कि देश के सर्वोत्तम सैनिक भी तैयार करने चाहिए। अभिभावकों को चाहिए कि वे अपने बच्चों को राष्ट्रीय सुरक्षा मिशनों में भाग लेने के लिए प्रोत्साहित करें। सन् 2020 तक आर्थिक रूप से विकसित भारत एक अरब से ज्यादा लोगों के लिए एक मिशन है, जिसमें हममें से हरेक को भूमिका निभानी है। वह तभी वास्तविकता बन सकता है, जब हर कोई, खासकर युवा, अपने आप से पूछें, 'मैं क्या दे सकता हूँ?' भारत और विदेशों में अपने नागरिकों, खासकर युवाओं से मेरी चर्चा में व्यक्तियों में प्रवाहित होनेवाली सकारात्मक ऊर्जा दिखी, जो उन्हें इस बात के लिए उत्सुक बनाती है कि वे भारत को आर्थिक रूप से विकसित बनाने के लिए हर संभव प्रयास करें। प्रत्येक नागरिक और प्रत्येक समूह के देने का रवैया निश्चित रूप से समूचे राष्ट्र के लिए समृद्धकारी होगा, जिसे विकास प्रक्रिया तेज होगी। जब देश अपने मिशनों की ओर बढ़ता है, तो बहुत सारी चुनौतियाँ राह में आएँगी। इन सारी चुनौतियों से निपटने में समाज के हर तबके में साहस एक महत्त्वपूर्ण गुण है।

मैं एक घटना के बारे में बताना चाहता हूँ। 8 जून, 2006 को मैं एसयू-30-एमकेआई विमान में था। विमान के कप्तान विंग

कमांडर अजय राठौर थे। उड़ान की अवधि चालीस मिनट थी। मैंने उड़ान की सारी काररवाइयों में सक्रिय रूप से हिस्सा लिया। जब मैं उतरा, तो देखा कि बहुत सारे नौजवान और मीडियाकर्मी उपस्थित थे। एक नौजवान ने पूछा, 'सर, आपने चौहत्तर साल की उम्र में सुपरसोनिक लड़ाकू विमान में उड़ान भरी। उड़ान के दौरान क्या आपको कभी डर लगा?' मैंने उस नौजवान से कहा, 'उड़ान के पूरे चालीस मिनट तक मैं कंट्रोल और उपकरणों में व्यस्त रहा और इमारतों की बनावट को देख रहा था। मुझे कप्तान ने सलाह दी थी कि लक्ष्यों पर निगाह रखूँ और साथ में संश्लेषित छिद्रीय राडार के जरिए जमीन पर भी देखता रहूँ। इसके अलावा मैं स्वदेश में विकसित उपकरणों के काम को देख रहा था। मैं उड़ान की गतिविधियों में लगातार व्यस्त बना रहा और ऐसे में डर को मेरे पास आने का मौका ही नहीं मिला।'

प्रिय दोस्तो, आपमें से कितनों के अंदर 'मैं इसे कर सकता हूँ' की भावना है?

यह नौजवानों का गीत है, जिसे लाखों भारतीयों ने मेरे साथ दोहराया—

भारत के नौजवान नागरिक के रूप में,
प्रौद्योगिकी, ज्ञान और राष्ट्र-प्रेम से सुसज्जित,
मैं समझता हूँ कि छोटा लक्ष्य रखना एक अपराध है।

मैं किसी महान् विचार के लिए काम करूँगा और पसीना बहाऊँगा—

भारत को विकसित राष्ट्र में बदलने का विचार,
जो मूल्य प्रणाली के साथ आर्थिक शक्ति से सज्जित हो।
मैं एक अरब नागरिकों में से एक हूँ;
विचार ही एक अरब आत्माओं को जाग्रत् करेगा।

यह मेरे अंदर प्रविष्ट हो चुका है।
जाग्रत् आत्मा, किसी भी अन्य संसाधन की तुलना में,
सबसे सशक्त संसाधन है, पृथ्वी पर,
पृथ्वी के ऊपर और पृथ्वी के नीचे भी।

□

नए भारत का विजन

अनेक सभ्यताएँ ढह गईं और अनेक राष्ट्र असफल हुए, क्योंकि उनके पास सही समय पर सही विजन नहीं था।

पिछले अनेक वर्षों में मैं देश भर के सभी भागों के 1 करोड़ 70 लाख लोगों से मिला हूँ। इन मुलाकातों की कुछ घटनाएँ मेरे मन में अब भी घूमती रहती हैं।

युवाओं के मन की गतिशीलता

19 जनवरी, 2011 को सतपुरा शिक्षण प्रसारक मंडल द्वारा आयोजित एक कार्यक्रम में भाग लेने के लिए मैं अमरावती गया। वहाँ एक लाख युवाओं को संबोधित करना था। मैंने अपने संबोधन में बहुत सारे राजनेता, सामाजिक विकास के नेताओं, शिक्षकों और शिक्षाविदों के बीच एक बात कही—'मैं यूनीक हूँ'। मेरे संबोधन के बाद ढेरों सवाल आए, लेकिन एक दिलचस्प सवाल वहाँ के एक ग्रामीण लड़के ने पूछा। उसने हराली गाँव के दसवीं के छात्र के रूप में अपना परिचय दिया और सवाल पूछा कि 'सर, हमारा मीडिया और कई दोस्त हमेशा

कहते हैं कि चीन की अर्थव्यवस्था भारत की तुलना में बेहतर है और तेजी से बढ़ भी रही है। सर, भारत तेजी से विकसित क्यों नहीं हो सकता। साथ ही यह भी बताएँ कि हम युवाओं को इसके लिए क्या करना चाहिए?'

इस सवाल के लिए इस लड़के की काफी प्रशंसा हुई थी। मतलब एक लाख युवाओं की भीड़ मुझसे इस सवाल का सही जवाब माँग रही थी। इस सवाल के जवाब के लिए मंच पर बैठे मेरे दोस्त भी मुझे ही देख रहे थे। एक संक्षिप्त पल के बाद मैंने उस लड़के से उसका नाम पूछा, उसने बताया 'विनीत'। मैंने उससे कहा कि विनीत, तुम्हारे पास तेज दिमाग है और तुम अपने राष्ट्र से बहुत प्यार करते हो। मेरा जवाब तुम्हारे लिए यह है कि यह सत्य है कि चीन की अर्थव्यवस्था काफी आगे है, जबकि भारत की काफी अलग है। लेकिन भारत ने संसदीय लोकतंत्र प्रणाली अपनाई है, जिसमें जनता सरकार चुनती है। लोकतंत्र के अपने हानि-लाभ हैं, लेकिन हम जल्द ही ऊँचाइयों पर होंगे। बस थोड़ी देर है, क्योंकि इसे हटाने के लिए जरूरत है एक अच्छे नेतृत्व की। लेकिन एक सवाल यहाँ मौजूद सभी युवाओं से है कि अगर मैं आपको दो प्रणालियाँ देता हूँ—पहली, पूर्ण लोकतंत्र और उच्च विकास की गति, और दूसरी, चीन की तरह अन्य राजनीतिक प्रणाली। इनमें से आप कौन सा चुनना पसंद करेंगे। जब मैंने यह सवाल पूछा तो युवाओं ने अपने हाथ ऊपर कर लिये। उनमें से 99 फीसदी युवाओं का कहना था कि वे एक ऐसा लोकतंत्र चाहते हैं, जिसमें विकास की दर तेज हो।

यहाँ यह संदेश था कि युवा एक ऐसा नया लोकतंत्र चाहते हैं, जिसमें तेज विकास हो। युवा मन अशांत है, वह एक ऐसी दृष्टि तलाश रहा है, जो राष्ट्र और उसकी उपलब्धि के लिए हो। प्रेरणादायक सोच और काररवाई के लिए युवा मन को दिशा देना बहुत महत्त्व-पूर्ण है।

'कब मैं भारत गीत गा सकती हूँ'

पिछले कुछ वर्षों के दौरान मैंने देखा कि कैसे भारत विजन-2020 ने राष्ट्र के लोगों को, विशेष रूप से युवाओं को प्रेरित किया है। सन् 1990 की एक घटना याद है, जब मैं अहमदाबाद के युवाओं को संबोधित कर रहा था। वहाँ एक लड़की थी, जिसने मुझसे एक सवाल पूछा, 'कब मैं भारत गीत गा सकती हूँ?' उस समय उसका भाई अमेरिका में था, जो उसे हमेशा बताता था कि अमेरिका कैसे हर मामले में अच्छा है। वह लड़की भारत में बैठी थी और अपने भाई की कहानियों से निराश थी, और उसका सवाल यह जवाब ढूँढ़ रहा था कि कब वह भारत गीत गा सकती है?

मैं क्या जवाब दूँ? मैंने उसे भारत-2020 विजन समझाया और उससे कहा कि मुझे विश्वास है कि निश्चित रूप से आप सन् 2020 तक भारत का एक गीत गा सकती हैं।

हालाँकि, पिछले कुछ वर्षों से, युवाओं से बातचीत करने के दौरान मैंने उनकी सोच में एक खास बदलाव देखा है। अब वे 'देश मुझे क्या दे सकता है', की बजाय वे मुझसे पूछने लगे हैं, 'मैं देश को क्या दे सकता हूँ?' इसका मतलब यह है कि युवा राष्ट्रीय विकास के लिए योगदान करने को तैयार हैं। हाल ही में मैंने कुछ और बदलाव देखा। हमारे युवाओं में अब आत्मविश्वास और बढ़ गया है। उदाहरण के लिए, सन् 2013 में शिलांग में मेरे भाषण के दौरान एक युवा ने मुझसे कहा, 'मैं यह कर सकता हूँ, हम यह कर सकते हैं और राष्ट्र यह कर सकता है।' विकास प्रक्रिया में युवाओं की सक्रिय भागीदारी से मुझे विश्वास है कि भारत सन् 2020 तक विकसित राष्ट्र में बदल जाएगा।

शासन में युवाओं की इस भागीदारी के तीन पहलुओं पर मैं जोर देना चाहता हूँ : विजन का जन्म, भारत में मौजूदा परिवेश और उसकी चुनौतियाँ, और अंतिम, देश को आर्थिक रूप से विकसित देश बनाने का मिशन।

विजन का जन्म

1990 के दशक के मध्य में विजन 2020 की रणनीतियों के निर्माण का मैं एक विशिष्ट अनुभव आपके साथ बाँटना चाहता हूँ। मुझे प्रौद्योगिकी सूचना पूर्वानुमान एवं मूल्यांकन परिषद्, टाइफेक की अध्यक्षता का काम सौंपा गया था। मुझे याद है कि परिषद् की पहली बैठक में हमने निर्णय लिया था कि सन् 2020 तक भारत को आर्थिक रूप से विकसित देश के रूप में बदलने के बारे में टाइफेक एक योजना तैयार करेगा। जब सुझाव पर बहस हुई, तो हर कोई हैरान था कि देश की तत्कालीन आर्थिक और सामाजिक परिस्थितियों में हम इस तरह का दीर्घकालीन मिशन कैसे तैयार कर सकते हैं। यह वह समय था, जब प्रधानमंत्री नरसिंहराव ने भारतीय अर्थव्यवस्था के लिए आर्थिक उदारीकरण और विकास उपायों की घोषणा की ही थी तथा उसका असर महसूस किया जाने लगा था।

इसके बावजूद, परिषद् के अनेक नौजवान सदस्यों ने विचार का स्वागत किया और हमने एक पूरा दिन इस विचार को कार्य में बदलने के बारे में विचार किया। विकास विजन 2020 को साकार करने के लिए हमें निरंतर दस साल से ज्यादा तक कम-से-कम 10 प्रतिशत वार्षिक वृद्धि दर की कल्पना करनी थी, जबकि उस समय हमारी अर्थव्यवस्था की विकास दर जी.डी.पी. की 5 से 6 प्रतिशत सालाना थी। इस चुनौती ने परिषद् में हम सभी के मस्तिष्क जाग्रत् कर दिए। उस समय टाइफेक परिषद् के सदस्यों में प्रधानमंत्री के प्रमुख सचिव, भारत सरकार के नौ सचिव, सी.आई.आई., एसोचैम और फिक्की के प्रमुख, आई.डी.बी.आई., आई.सी.आई.सी.आई., आई.एफ.सी.आई. के अध्यक्ष, सार्वजनिक क्षेत्र के उपक्रमों के अध्यक्ष, निजी क्षेत्र की बहुत सारी संस्थाओं के मुख्य कार्यकारी, विभिन्न विश्वविद्यालयों के कुलपति, विज्ञान एवं प्रौद्योगिकी विभाग के वैज्ञानिक शामिल थे। हमने विचार-

विमर्श किया और 500 से ज्यादा सदस्योंवाले सत्रह कार्यदल बनाने का निश्चय किया, जिन्होंने अर्थव्यवस्था के विभिन्न क्षेत्रों के 5,000 लोगों से सलाह-मशविरा किया।

समितियों ने दो साल से ज्यादा तक काम किया और पच्चीस रिपोर्टें तैयार कीं, जिन्हें हमने तत्कालीन प्रधानमंत्री के सामने 2 अगस्त, 1996 को पेश किया। इन रिपोर्टों में कृषि-खाद्य प्रसंस्करण, उन्नत सेंसर, नागरिक उड्डयन, विद्युत् ऊर्जा, जलमार्ग, सड़क परिवहन, दूरसंचार, खाद्य एवं कृषि, इंजीनियरिंग उद्योग, स्वास्थ्य सेवा, जीव विज्ञान और जैव प्रौद्योगिकी, सामग्री एवं प्रसंस्करण, सेवा, सामरिक उद्योग और सेना प्रेरण जैसे क्षेत्रों में विजन शामिल थे। भारत को विकसित देश में बदलने का मतलब था कि देश का हर नागरिक गरीबी रेखा से ऊपर हो, उसकी शिक्षा और स्वास्थ्य उच्चस्तरीय हो, राष्ट्रीय सुरक्षा सुनिश्चित हो। विशिष्ट प्रमुख क्षेत्रों में मूल क्षमता निर्यात के लिए उत्कृष्ट माल के उत्पादन में मदद करेगी और देशवासियों के लिए समग्र समृद्धि लाएगी।

राष्ट्रीय विजन में अड़चनें

विजन 2020 की राह में आनेवाली कुछ अड़चनें मुझे निम्नानुसार दिखती हैं—विजन डॉक्यूमेंट प्रधानमंत्री नरसिंहराव के काल में तैयार हुआ था। डॉक्यूमेंट प्रधानमंत्री अटल बिहारी वाजपेयी को दिया गया था। वाजपेयी ने संसद् में और स्वतंत्रता दिवस पर लालकिले की प्राचीर से दिए भाषण में घोषणा की थी कि भारत सन् 2020 तक आर्थिक रूप से विकसित राष्ट्र बन जाएगा। मेरे राष्ट्रपतित्व काल में हुए राज्यपाल सम्मेलन में प्रधानमंत्री मनमोहन सिंह ने भी घोषणा की थी कि उनकी सरकार आर्थिक रूप से विकसित देश के लिए काम करेगी और उन्होंने सभी राज्यों के राज्यपालों को यह आश्वासन दिया था।

मेरा अनुभव कहता है कि विजन 2020 किसी पार्टी, सरकार या व्यक्ति का नहीं है। यह तो राष्ट्रीय विजन है। इस पर देश के सभी निर्वाचित जनप्रतिनिधियों को कुछ सप्ताह संसद् में चर्चा करनी चाहिए। यह चर्चा, बहस और सहमति इसलिए होनी चाहिए ताकि विजन के सभी भागीदारों यानी देश की कार्यपालिका, न्यायपालिका, राजनेता, मीडिया, शैक्षणिक वर्ग, व्यावसायिक उद्योग जगत्, चिकित्सा समुदाय, किसान, युवा और लोगों के बीच राष्ट्रीय सहमति उभर सके। इसी कारण से हर क्षेत्र के व्यक्तियों में इस राष्ट्रीय विजन के लिए प्रतिबद्धता होनी चाहिए।

अगर इस तरह के विजन को साकार होने में पंद्रह साल लगते हैं, तो इसका मतलब यह हुआ कि लोकतांत्रिक रूप से चुनी गई सरकारों को मिलकर इस विजन को साकार करने के लिए काम करना होगा। राष्ट्रीय मिशन किसी एक दल का एजेंडा नहीं हो सकता, पर चुनाव घोषणा-पत्र का हिस्सा जरूर हो सकता है और उसे साकार किया जाना चाहिए। इस विजन को संसद् से मंजूरी चाहिए, ताकि इसके विकास में तीनों सरकारों की अवधि का कोई फर्क न पड़े।

ऐसे में देश का निर्वाचित नेता रचनाशील होना चाहिए, जो विकासपरक राजनीति करता हो, सबका सहयोग लेता हो, क्योंकि यह कार्य प्रक्रिया का मुख्य कारक है, और दलगत जुड़ाव से परे, सभी दलों की मूल क्षमता का तथा हर क्षेत्र के अन्य सुयोग्य और रचनाशील मस्तिष्कों का साथ लेने में सक्षम हो, ताकि वह आर्थिक रूप से विकसित देश के विजन को साकार कर सके।

भारत में मौजूदा परिवेश

अब मैं सन् 2020 तक आर्थिक रूप से विकसित भारत की तसवीर पेश करता हूँ। भारतीय अर्थव्यवस्था सन् 2008 तक औसतन 9 प्रतिशत

की दर से बढ़ रही थी। सन् 2009-2010 में भारतीय अर्थव्यवस्था वैश्विक आर्थिक उथल-पुथल से प्रभावित हुई, लेकिन तब भी वैश्विक मंदी के दौर में यह 7 प्रतिशत से ऊपर रही। यहाँ तक कि जब अमेरिका तथा यूरोपीय आर्थिक क्षेत्र निराश दिख रहे थे, तब भी भारत सन् 2011 की अंतिम तिमाही में 6.9 प्रतिशत की दर से आगे बढ़ा। सन् 2013 में जी.डी.पी. विकास 5.5 दर्ज किया गया।

मैं अपने आप से पूछ रहा था कि भारतीय अर्थव्यवस्था तथा अन्य वैश्विक अर्थव्यवस्थाओं को मौजूदा परिस्थितियों में समृद्ध करने के लिए किस तरह के नवीन विचारों की जरूरत है। मैंने अनेक आर्थिक विशेषज्ञों से इस विषय पर चर्चा की। यह बात निकलकर आई कि भारतीय अर्थव्यवस्था वैश्विक आर्थिक संकट में बेहतर प्रदर्शन कर सकती है। इसके कारण हैं—

- भारत में उदारीकरण प्रक्रिया में देश की विशिष्ट सामाजिक जरूरतों के अनुसार नियंत्रण और संतुलन है।
- भारतीय बैंकिंग प्रणाली हमेशा परंपरावादी रही है, जिसके कारण वह अमेरिका और यूरोप की तरह के संकट को रोक पाने में सफल रही।
- भारतीय मानसिकता आमतौर पर बचतोन्मुखी है, और एक के मन में रहने का अर्थ भारतीय मानसिकता का अंग होना है।
- 40 करोड़ का मध्यमवर्ग अपनी क्रय शक्ति के कारण देश को आर्थिक स्थायित्व प्रदान कर रहा है।

इस प्रकार भारत वैश्विक आर्थिक संकट को एक सीमा तक सह पाने में सक्षम है, लेकिन अधिक आयात और घटते निर्यात के कारण हम अब भी वैश्विक आर्थिक उथल-पुथल की अनिश्चितताओं के प्रति संवेदनशील हैं, जिससे व्यापार घाटा बढ़ता है, मौजूदा खाता घाटा बढ़ता

है, जिससे मुद्रास्फीति बढ़ती है, और रुपए का मूल्य जून 2013 में 60.49 प्रति अमेरिकी डॉलर तक हो गया था।

अगर अमेरिकी बैंक असफल होते हैं, तो भारतीय अर्थव्यवस्था पर प्रभाव पड़ता है। अगर यूरोपीय संघ संकट का सामना करता है तो इसका असर भारतीय अर्थव्यवस्था पर भी दिखता है।

भारत की अच्छी आर्थिक नींव होने के बावजूद ऐसा क्यों होता है? ऐसा इसलिए है, क्योंकि हमारी अर्थव्यवस्था ऐसी है, जो विश्व-अर्थव्यवस्था के उतार-चढ़ावों के प्रति संवेदनशील है और हमारा आर्थिक विकास टिकाऊ नहीं है, जो कि 1990 के दशक की जी.डी.पी. विकास दर के 5 प्रतिशत से सन् 2009 तक चार सालों तक 9 प्रतिशत रहने और अंत में, मौजूदा दर 5.5. प्रतिशत होने से साबित होता है। इसका मुख्य कारण हमारी मौजूदा आर्थिक नीतियाँ हैं, जो कृषि और खाद्य प्रसंस्करण, निर्माण क्षेत्र और सेवा क्षेत्र का गला घोंटती हैं। अगर हम अपनी सामाजिक-राजनीतिक और आर्थिक नीतियों में समग्रता पर जोर देते हुए उल्लेखनीय परिवर्तन लाते हैं, तो मुझे विश्वास है कि हम आर्थिक संकट से उबर सकेंगे और नई ऊँचाइयाँ छुएँगे।

भारत ने क्या हासिल किया ?

विजन 2020 को हासिल करने के लिए हमारे पास अब केवल छह साल बचे हैं। देश को इसे अपना प्राथमिक कार्य बनाना होगा और सभी भागीदारों को इस मिशन के लक्ष्यों को हासिल करने के लिए योगदान करने में लगाना होगा।

भारत विजन 2020 आगे बढ़ रहा है; भारत ने आज कृषि उपज बढ़ाने और प्रति व्यक्ति आय को ऊँचा करने में ख़ासी प्रगति की है। नैसकॉम के अनुसार, आई.टी.-बी.पी.ओ. क्षेत्र में भारत ने सन् 2012 के वित्तीय वर्ष में 100 अरब अमेरिकी डॉलर का राजस्व जुटाया था,

जिसमें निर्यात और घरेलू राजस्व क्रमशः 69.1 अरब डॉलर और 31.7 अरब डॉलर रहा तथा 9 प्रतिशत की वृद्धि दर हासिल की। दवा उद्योग बढ़कर 20 अरब तक पहुँच गया है। इसरो ने चंद्रयान-1 के जरिए चंद्रमा पर पानी की खोज का मिशन चलाया और मंगलकक्षीय मिशन भी इस लाल ग्रह के रास्ते में है। भारत 900 मिलियन उपभोक्ताओं के साथ दुनिया का दूसरा सबसे बड़ा मोबाइल फोन उपयोगकर्ता देश है। भारतीय ऑटोमोबाइल उद्योग ने सन् 2013 में 2.8 मिलियन ऑटोमोबाइल का उत्पादन किया और वह इस क्षेत्र में दुनिया का तीसरा सबसे बड़ा देश बन चुका है।

विशाल पैमाने की अधोसंरचना भी ग्रामीण और शहरी विकास मिशनों के अंग के रूप में तैयार की गई है तथा स्वर्णिम चतुर्भुज की बहुमार्गीय सड़कें एवं सभी महानगरों में हवाई अड्डे विकसित करने के काम इसमें शामिल हैं। राज्य स्तर पर भी सभी ग्रामीण सड़कों का विकास हो रहा है।

भारत में मौजूदा साक्षरता दर 74.04 प्रतिशत है। भारत में स्वास्थ्य सेवा क्षेत्र के सन् 2015 तक करीब 40 अरब अमेरिकी डॉलर तक हो जाने का अनुमान है और स्तरीय स्वास्थ्य सेवा अधोसंरचना सभी राज्यों में पहुँच जाने का भी अनुमान है। हम देश के सभी नागरिकों को हरित ऊर्जा और स्वच्छ पेयजल पहुँचाने के लिए भी प्रयास कर रहे हैं। इस विकास के साथ ही हमें यह मूल्यांकन करना होगा कि 1990 के दशक के संदर्भ में आज हम कहाँ हैं और कितना अंतर बना पाए हैं। समय आ गया है कि देश और इसके नेता इस अंतर के मूल्यांकन के लिए समीक्षा मिशन अपनाएँ और ऐसे तरीके सुझाएँ, जिनके जरिए हम विकास को तीव्र कर सकें, ताकि भारत सन् 2020 तक ऐसा विकसित देश बन सके, जिसमें—

- गरीबी शून्य हो,

- सौ प्रतिशत साक्षरता हो,
- सबके लिए स्तरीय चिकित्सा सुविधा हो,
- मूल्य प्रणाली से युक्त स्तरीय शिक्षा सबको उपलब्ध हो एवं
- मूल्य संवर्धित रोजगार शिक्षा और व्यावसायिक रूप से कुशल हर नागरिक को प्राप्त हो।

अगर हम अपने समेकित प्रयासों को सन् 2020 के पहले भारत के विकास में लगाएँगे तो देश का विकास सुनिश्चित है।

आर्थिक रूप से विकसित देश और उसके मिशन

भारत और विदेशों के विभिन्न बुद्धिजीवियों, विशेषज्ञों और विश्वविद्यालयों के शोधकर्ताओं तथा आई.आई.एम., अहमदाबाद, इंदौर, बंगलुरू और शिलांग के छात्रों-अध्यापकों तथा देश के लाखों छात्रों से बातचीत के आधार पर मैं आर्थिक रूप से विकसित देश के अपने लक्ष्य को साकार करने के लिए निम्न कार्य-बिंदु प्रस्तावित करता हूँ—

टिकाऊ ग्रामीण विकास

पुरा—निजी संस्थाओं के प्रयासों पर और सरकारी प्रयासों पर आधारित 'पुरा' टिकाऊ ग्रामीण विकास का सिद्ध मॉडल बन चुका है। ऐसे में समग्र टिकाऊ विकास के लिए भारत में समेकित राष्ट्रीय पुरा मिशन शुरू करने की जरूरत है, ताकि देश भर में 7000 पुरा ग्राम समूह तैयार किए जा सकें, जो भारतीयों को सशक्त करें और ग्रामीण तथा शहरी क्षेत्रों में स्थायी विकास ला सकें। हर साल हम 100,000 करोड़ रुपए से ज्यादा राष्ट्रीय विकास के लिए खर्च करते हैं। इस धन का हिस्सा 7000 पुरा समूहों को साकार करने के लिए निर्देशित किया जा सकता है।

ऊर्जा स्वावलंबन, स्वच्छ एवं हरित पर्यावरण तथा जल प्रबंधन

ऊर्जा—भारतीय संसद् को सन् 2030 तक ऊर्जा स्वावलंबन मिशन की घोषणा करनी आवश्यक है। नवीनीकृत योग्य ऊर्जा के जरिए बिजली उत्पादन को 5 प्रतिशत से बढ़ाकर 28 प्रतिशत तक करना होगा। प्राथमिक ऊर्जा स्रोत के रूप में जीवाश्म ईंधनों पर निर्भरता को मौजूदा 75 प्रतिशत से घटाकर 50 प्रतिशत तक लाना होगा। चीनी उद्योग द्वारा एथेनॉल विकास के लिए एथेनॉल के इस्तेमाल को 10 प्रतिशत से बढ़ाकर 20 प्रतिशत तक अनिवार्य करना और संबंधित सार्वजनिक नीति बनाने की भी जरूरत है। 60 मिलियन टन जैव-ईंधन के उत्पादन के लिए टिकाऊ जैव-ईंधन नीति, साथ में पायसीकरण, जैव शैवाल और हाइड्रोजन जैसे वैकल्पिक स्रोतों के इस्तेमाल भी जरूरी हैं।

पर्यावरण—मौजूदा पर्यावरण संरक्षण नीति की जगह समग्र पर्यावरण संवर्धन नीति लागू करना जरूरी है। सन् 2020 तक हमें वनाच्छादित क्षेत्र भी 20 से बढ़ाकर 40 प्रतिशत करना होगा, साथ ही औद्योगिक कचरे के लिए अनिवार्य शून्य द्रव स्राव तथा शून्य उत्प्रवाही स्राव प्रणाली नीति बनानी होगी। नगर निगमों और ग्रामीण नगरपालिकाओं में जैव-ईंधन से बिजली उत्पादन को प्रोत्साहित करना होगा और सन् 2020 तक 200,000 कार्बन न्यूट्रल ईंधन ग्राम पंचायतें बनानी होंगी।

जलमार्ग बाढ़ के 500 बिलियन घन मीटर पानी के इस्तेमाल और नदियों तथा जलग्रहण क्षेत्रों को जोड़ने के लिए स्मार्ट वाटरवेज ग्रिड को एकल योजना के रूप में देश भर में लागू करने की जरूरत है। ग्रिड को 1500 बिलियन घनमीटर बाढ़ का पानी मिलेगा और एक वाटर ग्रिड के रूप में काम करेगा, ताकि बाढ़ के दौरान किसी भी कमीवाले स्थान के लिए पानी छोड़ा जा सके और उसे पानी से भरा

जा सके। यह 15,000 किलोमीटर राष्ट्रीय जलभंडार के रूप में काम करेगा। यह 600 मिलियन लोगों को पेयजल उपलब्ध कराने, 150 मिलियन एकड़ जमीन की सिंचाई करने और 60,000 मेगावॉट बिजली का उत्पादन करेगा। प्रत्येक राज्य इस मिशन को अनुमानित 50,000 करोड़ के व्यय की वार्षिक बजटीय सहायता, केंद्र सरकार सहायता, पब्लिक-प्राइवेट संघ तथा बूट (बिल्ड, ऑपरेट, ओन और ट्रांसफर) आधारित पी.पी.पी. मॉडल के सहयोग से इसे लागू कर सकता है और इसे सन् 2020 के पहले ही साकार करना होगा।

इसके अलावा, भारत भर में जल निकायों, तालाबों तथा खेत-तालाब एवं चैकडेम बनाने के लिए एक समेकित जल संसाधन प्रबंधन प्रणाली भी जरूरी है, साथ ही सिंचाई अधोसंरचना तथा भूमिजल क्षमता बढ़ाना भी जरूरी है। इस तरह से देश में स्वच्छ पेयजल संसाधन बढ़ाए जा सकते हैं।

कृषि, निर्माण एवं सेवा क्षेत्र

कृषि—इस क्षेत्र में हमें सन् 2020 के पहले कृषि में 10 प्रतिशत विकास दर के उद्देश्य के साथ एक समेकित कृषि, उद्योग तथा सेवा क्षेत्र कार्यक्रम के रूप में द्वितीय हरित क्रांति मिशन शुरू करने की जरूरत है। घटते जल, भूमि और मानव संसाधन परिवेश के बावजूद खाद्यान्न उत्पादन मौजूदा 250 मिलियन टन के विपरीत, 340 मिलियन टन करना होगा। एस.एस.आई. (सस्टेनेबिल शुगरकेन इनीशिएटिव) और एस.आर.आई. (सिस्टम ऑफ राइस इंटेंसीफिकेशन), कृषि परिशोधन, प्रणाली उन्मुखी दृष्टिकोण तथा कटाई के प्रौद्योगिकीय के उन्नत उपकरणों के इस्तेमाल से कृषि उपज दोगुने से ज्यादा हो जाएगी तथा सन् 2020 तक जी.डी.पी. में योगदान मौजूदा 15 प्रतिशत से बढ़कर 30 प्रतिशत सुनिश्चित किया जा सकेगा।

मृदा परिस्थिति के वर्गीकरण के आधार पर चुने हुए क्षेत्रों में फसल की पहचान करने के लिए नवीन समुदाय सहकारिता कृषि मॉडल लागू करना तथा सही समय पर गुणवत्तापूर्ण इनपुट मटेरियल की उपलब्धता सुनिश्चित करना भी लाभदायक होगा। कृषि स्तरीय भंडारण, कोल्ड चैन, रेफ्रिजिरेटेड परिवहन, खाद्य प्रसंस्करण उद्योग आदि स्थापित करने के लिए औद्योगिक क्षेत्र को भी समग्र विकासोन्मुखी नीतियों से युक्त किया जाना चाहिए।

निर्माण—निर्माण उद्योग को इस तरह से मजबूत किया जाना चाहिए कि वह सन् 2020 तक जी.डी.पी. में योगदान सन् 2012 के 16 प्रतिशत के बजाय 25 प्रतिशत तक हासिल किया जा सके। एक अग्रसक्रिय राष्ट्रीय निर्माण नीति आज के समय की जरूरत है।

व्यावहारिक उद्योगों को प्रौद्योगिकी, व्यावसायिक प्रक्रिया तथा मानव संसाधन के साथ पुनर्संरचित करना आवश्यक है। वित्तीय दबाव से मुक्त होने, पूँजी तरलता सहायता उपलब्ध कराने और देश की उत्पादक संपत्ति की बचत करने के लिए अग्र सक्रिय सार्वजनिक नीति आवश्यक है।

निर्माण और सेवा क्षेत्रों में मूल्य संवर्धित रोजगार बढ़ाने के इरादे से युवाओं के लिए हमें वैश्विक कौशल विकास की जरूरत है।

उद्योगों के लिए अत्याधुनिक प्रौद्योगिकी, मशीनें और मानदंड अपनाने के लिए समग्र नीति आवश्यक है। उत्पादन लागत घटाने के लिए ऊर्जा, पूँजी तथा माल परिवहन की उपलब्धता सुनिश्चित करने और इस तरह उत्पाद को अंतरराष्ट्रीय बाजार में प्रतिस्पर्धी बनाने से मुद्रास्फीति में कमी आएगी। नवीन पारस्थितिकी तंत्र स्थापित करना निर्माण और सेवा उद्योगों के विकास के लिए आवश्यक हो गया है।

शिक्षा एवं स्वास्थ्य सुविधा

स्कूली शिक्षा—स्तरीय इनपुट से स्तरीय आउटपुट पैदा होता है। इस तरह के कार्य के लिए प्राथमिक आधार स्कूल स्तर पर प्राथमिक से उच्चतर माध्यमिक स्तर तक, शिक्षकों की गुणवत्ता है। परिशोधित राष्ट्रीय गुणवत्ता शिक्षण प्रणाली तथा इससे संबंधित समग्र नीति आवश्यक है। हमें मूल्याधारित स्तरीय स्कूली शिक्षा के लिए रचनात्मक पाठ्यक्रम, रचनात्मक शिक्षकों और रचनात्मक कक्षाओं की जरूरत है।

उच्च शिक्षा—उच्च शिक्षा प्रणाली को विश्वविद्यालय स्तर पर अनुसंधान और विकास पर जोर देनेवाला होना चाहिए। यू.जी.सी. और ए.आई.सी.टी.ई. जैसी एजेंसियों की निगरानी और नियंत्रण के बजाय हमें उच्च शिक्षण संस्थाओं को अनुमति देनी चाहिए कि वे अपने विश्वस्तरीय संस्थानों के अनुसार शैक्षिक मानदंड स्थापित करके अंतरराष्ट्रीय स्तर पर प्रतिस्पर्धा कर सकें, ताकि स्वतंत्र एजेंसियाँ इनके सुयोग्य विशेषज्ञों की उपलब्धता के आधार पर क्रमिक रूप से इनकी रेटिंग कर सकें। उत्कृष्टता हासिल करने के लिए एक न्यूनतम मापदंड स्थापित किया जा सकता है।

उच्च शिक्षा में अनुसंधान एवं विकास—उच्च शिक्षा तथा अनुसंधान प्रशासन एवं प्रबंधन में लाल फीताशाही तथा पक्षपात हटाना बेहद महत्त्वपूर्ण है। अनुसंधान को प्रोत्साहित करने के लिए हमें निजी और सरकारी, दोनों तरह के विश्वविद्यालयों को सशक्त करना होगा और उन्हें अनुसंधान अधोसंरचना सुधारने के योग्य बनाना होगा। राज्य और केंद्र के स्तर पर सभी शैक्षणिक संस्थाओं की पहुँचवाली राष्ट्रीय रिसर्च एंड इनोवेशन लाइब्रेरी की स्थापना महत्त्वपूर्ण है। प्राध्यापकों और विद्यार्थियों को अनुसंधान और विकास के लिए अतिरिक्त लाभ भी दिया जा सकता है। अच्छे शिक्षक होने से अच्छे शोध छात्र भी आकर्षित होते हैं। विश्वस्तरीय कार्य परिवेश, वेतन ढाँचे के पुनर्गठन

और विश्वविद्यालयों में आवास उपलब्ध कराकर हमें विश्वस्तरीय शोध शिक्षकों को आकर्षित करने की जरूरत है, ताकि अंतरराष्ट्रीय अनुसंधान परियोजनाओं के लिए संभावित सहयोग जुटाया जा सके। विश्वविद्यालयों को राष्ट्रीय चुनौतियों की पहचान करनी चाहिए और अपने शोध को उनके नवीन समाधान खोजने की ओर निर्देशित करना चाहिए। हर विश्वविद्यालय को ग्रामस्तर पर कृषि, उद्योग और सेवा क्षेत्रों के स्थानीय अनुप्रयोगों के लिए पारंपरिक अनुसंधान और विकास के लिए पुरा क्लस्टर रिसर्च सेंटर स्थापित करने चाहिए।

स्वास्थ्य सेवा और संस्थान—सरकारी अस्पतालों को गोद लेने तथा उनके अधोसंरचना और स्वास्थ्य सेवा में निवेश की शर्त पर मेडिकल कॉलेजों को अधिक-से-अधिक संख्या में खुलने देना चाहिए। इन कॉलेजों को अपने आस-पास के कम-से-कम सौ ग्रामीण जन-स्वास्थ्य केंद्रों को भी गोद लेना चाहिए। चिकित्सा शिक्षा को भी उच्चस्तरीय टेली एजूकेशन प्रौद्योगिकी के जरिए सुयोग्य अध्यापकों से जोड़ना चाहिए और सरकारी अस्पतालों के साथ व्यावहारिक उपयोग के लिए मेडिकल लाइब्रेरी का अनुबंध करना चाहिए।

सरकार द्वारा असंगठित क्षेत्र को उपलब्ध कराया जानेवाला व्यापक चिकित्सा बीमा आम नागरिकों को भी बेहतरीन स्वास्थ्य सेवा उपलब्ध कराने के लिए दिया जाना चाहिए। चिकित्सा उपकरण तथा डायग्नोस्टिक उपकरण के निर्माण उद्योग के लिए समग्र नीतियाँ बनानी भी जरूरी हैं। पी.एच.सी., दूर चिकित्सा के जरिए तृतीयक देखभाल के जरिए, और चलित अस्पतालों के जरिए भी सभी राज्यों तक स्तरीय स्वास्थ्य सेवा सुनिश्चित करना किसी भी राष्ट्र का प्राथमिक उद्देश्य होना चाहिए।

समावेशी शासन

समावेशी शासन का आशय ऐसे शासन से है, जो प्रतिक्रियाशील,

पारदर्शी और भ्रष्टाचार मुक्त हो। हमें ईज ऑफ डूइंग बिजनेस सूचकांक को मौजूदा 132 के स्तर से घटाकर 50 से नीचे लाना होगा। (चीन का सूचकांक 91 है)। शीर्ष से निचले स्तर तक गतिशील सुरक्षित कार्यप्रवाह प्रबंधनवाले इ-गवर्नेंस को लागू करना उसी तरह से आवश्यक है, जिस तरह से सभी नागरिकों को राष्ट्रीय परिचय-पत्र जारी करना जरूरी है। इस तरह का इ-गवर्नेंस राष्ट्रपति, प्रधानमंत्री, मंत्रियों, राज्यपालों, मुख्यमंत्रियों, प्रदेशों के मंत्रियों, विभागों, सचिवालयों, जिला कलेक्टरों, ग्रामीण प्रशासनिक अधिकारियों और अंततः लोगों को जोड़नेवाला हो। हमें भूमि, खनन और खनिज कानून में बदलाव की भी जरूरत है। आंतरिक सुरक्षा, पुलिस, समग्र औद्योगिक सुधार, सामाजिक न्याय और महिला आरक्षण तथा अन्य लंबित विधेयकों को समान सामाजिक न्याय क्रे साथ समग्र विकास पर केंद्रित करके फिर से तैयार किया जाना चाहिए।

नियामक, कॉरपोरेट तथा नैतिक प्रशासन के लिए समावेशी नीतियाँ लागू करके और सरकारी योजनाओं में प्रतिक्रियाशीलता तथा जवाबदेही में सुधार करके सरकार तथा सार्वजनिक क्षेत्र की प्रभावशीलता एवं सरकार में नागरिकों की भागीदारी को सुधारा जा सकता है। भ्रष्टाचार विरोधी, जिम्मेदार और जवाबदेह लोकपाल विधेयक एक साथ परिवार एवं समाज, दोनों में मूल्य प्रणालियाँ तैयार करता है। सरकारी या सार्वजनिक क्षेत्र की संस्थाओं को पात्र हितग्राहियों तक सेवाओं के समय पर और हर समय वितरण के लिए गंभीर प्रतिबद्धतावाले सिटीजन्स चार्टर को लागू करना भी महत्त्वपूर्ण है।

गरीबी, निरक्षरता तथा महिलाओं पर अत्याचार खत्म कीजिए

देश के 600,000 गाँवों में पुरा के जरिए गरीबी घटाने के लिए निम्न उपाय किए जा सकते हैं, जो रोजगार के अवसर उपलब्ध कराएँगे

और ग्रामीणों के जीवन को बेहतर बनाएँगे।

सुखी, समृद्ध और शांतिपूर्ण समाज विकसित करने के लिए प्राकृतिक संसाधनों, प्रौद्योगिकी अभिसारता तथा नवीन सामाजिक-आर्थिक विकास मॉडल टिकाऊ विकास मॉडल के फायदे पिरामिड के निचले स्तर पर पहुँचाना सुनिश्चित करने के लिए मैंने भी एक यूजर कम्युनिटी पिरामिड का विकास किया है। हमने 'सोसाइटल डेवलपमेंटल राडार' के नाम से एक राडार भी विकसित किया है, जो न केवल अल्पकालीन, मध्यकालीन और दीर्घकालीन लक्ष्य उपलब्ध कराता है, बल्कि खाद्यान्न एवं पोषण, पेयजल और सिंचाई जल की पहुँच, इलाज की पहुँच, आय सृजन क्षमता की पहुँच, शिक्षा तथा क्षमता निर्माण की पहुँच, गुणवत्तापूर्ण बिजली और संचार की पहुँच, और वित्तीय सेवाओं की पहुँच की भी निगरानी करता है। इससे निर्धारित लाभ पिरामिड के निचले स्तर तक पहुँचेंगे।

देश के युवाओं को अत्याधुनिक प्रशिक्षण के जरिए कौशल तथा ज्ञान विकास की भी जरूरत है। ऐसे कार्यक्रम बनाए जा सकते हैं, जिनमें समूचे भारत के कॉलेजों के छात्र-छात्राएँ गाँवों में दो माह की समर इंटर्नशिप करें और वहाँ पेयजल, तालाबों की स्थिति और स्वच्छता बढ़ाने के लिए काम करें।

महिलाओं की सुरक्षा के लिए महिलाओं के प्रति आदर की भावना पैदा करनी जरूरी है, जिसके लिए मूल्याधारित शिक्षा स्कूल के स्तर पर ही आवश्यक है। अपराधों की दर घटाने के लिए हमें पुलिस सतर्कता में सुधार लाना होगा और शिकायतों पर तुरंत एफ.आई.आर. दर्ज कराने की व्यवस्था करनी होगी। महिलाओं के लिए सहायता कॉल (एस.ओ.एस. कॉल) भी मोबाइल फोन या जी.पी.एस. उपकरणों के जरिए लागू की जा सकती है।

समावेशी विकासोन्मुखी नीतियाँ ही समान तथा समावेशी विकास

ला सकती हैं और समाज में सामाजिक-आर्थिक असंतुलन समाप्त कर सकती हैं, जिससे सामाजिक-आर्थिक एवं राजनीतिक विरक्ति का भाव खत्म होगा तथा नक्सलवादी और माओवादी विचार घटेंगे। राजनीतिक राजनीति की जगह विकासपरक राजनीति लाने से राजनीति के प्रति मौजूदा कटुता एवं वैर का भाव भी कम होगा।

शांति एवं समृद्धि स्थापित करना

भारत में आतंकवाद और अन्य प्रकार की अराजकता को नियंत्रित करने के लिए हमें एन.सी.ई.टी. (नेशनल कैंपेन टू इरेडिकेट टेररिज्म) तैयार करना होगा।

मेरा मानना है कि वह समय आ चुका है, जिसमें आतंकवादी गतिविधियों का पूर्वानुमान लगानेवाली और उनसे निपटनेवाली विविध एजेंसियों के साथ-साथ हमें एन.सी.ई.टी. के रूप में आक्रामक मिशन को संसद् द्वारा पारित मिशन-उन्मुखी समेकित प्रबंधन प्रारूप को भी तैयार करने की जरूरत है।

एन.सी.ई.टी. विधेयक के तहत हमें निम्न बातें ध्यान में लानी होंगी—

- देश भर में नवीनतम प्रौद्योगिकी औजारों और उपकरणों के साथ एक एकीकृत खुफिया एजेंसी का निर्माण करना होगा, जो राज्य और केंद्र सरकार की खुफिया एजेंसियों के साथ एक छत के नीचे के प्रशासन के तहत काम करने के लिए सशक्त हो।
- अपराध करनेवालों को कड़ा दंड दिलाने और निश्चित समय सीमा में त्वरित न्याय सुनिश्चित करने के लिए एक कानून को लागू किया जाए।
- ऐसी घटनाओं की पहचान करने के लिए लोगों के बीच

व्यापक जागरूकता फैलाई जाए तथा इस तरह की प्रवृत्तियों का पारदर्शी तरीके से नाश करने के लिए पारदर्शी प्रक्रियाएँ अपनाई जाएँ, जो खुफिया एजेंसियों को सूचना दें और आतंकवाद से निपटने में उनका साथ दें।
- सरकारी, व्यावसायिक तथा निजी क्षेत्र के सारे लेन-देन में राष्ट्रीय नागरिक परिचय-पत्र को लागू किया जाए।
- केंद्रीय और प्रादेशिक प्रशासनिक तंत्र का पुनर्विन्यास, ताकि यह सुनिश्चित किया जा सके कि समावेशी विकास हासिल करने के लिए समाज के हर वर्ग तक विकास पहुँचे और समाज में कोई भी सामाजिक, आर्थिक और राजनीतिक दृष्टि से अलग-थलग महसूस न करे।

मैंने सुझाव दिया है कि एन.सी.ई.टी. मिशन का विकास उच्च सत्यनिष्ठावाले कार्योन्मुखी लोगों के द्वारा किया जाए तथा विविध कार्य क्षेत्रों में प्रतिस्पर्धा को आकर्षित किया जाए, जो आतंकवाद के नाश के विजन के प्रति समर्पित हों। हमें यह तत्काल आवश्यकता के अनुसार करना चाहिए, ताकि जब दुष्ट लोग एकजुट हों, तो नेक लोग मिलकर काम कर सकें।

क्षेत्रीय शांति और समृद्धि

भारत को न सिर्फ अपनी सीमाओं के अंदर, बल्कि अपने पड़ोसियों के यहाँ भी टिकाऊ शांति और समृद्धि के लिए काम करना है। भारत दुनिया का दूसरा सबसे बड़ा लोकतांत्रिक देश है, और इसके लोकतांत्रिक मूल्य छह दशकों से अधिक समय से टिके हुए हैं। अगर विजन 2020 को विकास के सारे फायदे हासिल करने हैं तो भारत को देखना होगा कि उसके पड़ोसी, खासकर दक्षेस देश भी लोकतांत्रिक प्रणाली के तहत शांति और समृद्धि हासिल करें। ऐसा न होने पर सीमा पार आतंकवाद, नक्सलवाद

और माओवाद शांति और समृद्धि को कायम रखने की प्रक्रिया के लिए खतरा बने रहेंगे। यह भारत का उत्तरदायित्व है कि वह लोकतंत्र के जरिए इस उपमहाद्वीप में शांति और समृद्धि लाए। मेरा सुझाव है कि दक्षेस देश यूरोपीय संघ की तर्ज पर मिलकर काम करते हुए क्षेत्रीय शांति और समृद्धि को प्रोत्साहित करने के लिए काम करें।

मस्तिष्कों की एकता

यहाँ पर मैं सुझाव देना चाहता हूँ कि मस्तिष्कों की एकता के लिए काम करना सामाजिक स्तर पर जरूरी है। भारतीय सभ्यता बहुभाषी, बहुधर्मी, बहुनस्लीय व्यवस्था है, जो सदियों में विकसित हुई है। दूसरों के विचारों तथा जीवनशैली के प्रति बढ़ती असहिष्णुता और गैर-कानूनी तरीके से उसके प्रकटीकरण को किसी भी रूप में सही नहीं ठहराया जा सकता। हर व्यक्ति के अधिकारों का आदर करने के लिए हम सबको कड़ी मेहनत करनी होगी। सारे लोकतांत्रिक मूल्यों का मूल आधार यही है, और मुझे विश्वास है कि हमारी सभ्यता को हमारे देश की आत्मा को यही विरासत मिली है।

आइए, हम ऐसा समाज विकसित करें, जिसमें भिन्नताओं को आदर दिया जाए और स्वीकारा जाए। हमारे विशेषज्ञों, नेताओं और संस्थाओं को अपने वचन और कर्म में यह सब दरशाना चाहिए—

- अन्य लोगों की राय के प्रति सहिष्णुता।
- अन्य लोगों की संस्कृतियों के प्रति सहिष्णुता।
- अन्य लोगों की आस्थाओं के प्रति सहिष्णुता।
- अन्य लोगों की शैलियों के प्रति सहिष्णुता।
- अन्य लोगों के विचारों के प्रति सहिष्णुता।

वास्तव में, इस तरह का दृष्टिकोण व्यक्ति और समुदाय के स्तर पर हमेशा भारतीय सभ्यता की पहचान रहा है।

लोकतंत्र में राजनीतिक प्रणाली

लोकतंत्र लोगों के सपनों और आकांक्षाओं की नींव पर काम करता है। लोकतंत्र के पुनराविष्कार की जरूरत नहीं है; जरूरत हमारी राजनीतिक व्यवस्था के पुनराविष्कार की, इसके दायित्वों की, इसके कर्तव्यों की और इसकी सीमाओं की है।

यहाँ मुझे अपने वे भाषण याद आते हैं, जो मैंने संसद् में और राज्यों के विकास के मिशन पर पंद्रह राज्य विधानसभाओं में दिए थे। मैंने उनका एक समीकरण तैयार किया—

राजनीतिक प्रणाली = राजनीतिक दल + विकासपरक राजनीति

किसी भी सांसद या विधायक को इन दो राजनीतिक अंगों से गुजरना होता है। चुनाव और चुनावी राजनीति पर केंद्रित राजनीतिक राजनीति, जिसमें घोषित एजेंडे के साथ निर्वाचित हुआ जाता है। राज्य और तद्नुसार राष्ट्र के विकास के मिशन के अंग के रूप में चुनाव क्षेत्र के विकास पर केंद्रित विकासपरक राजनीति। इसके लिए विजन, मापयोग्य मिशन लक्ष्य, प्रगति के बारे में फीडबैक और यहाँ तक कि आवश्यकतानुसार, कार्य के बीच में ही सुझाव जरूरी होते हैं। मेरा मानना है कि एक बार जीत जाने पर किसी भी सदस्य को अपना 30 प्रतिशत समय राजनीतिक राजनीति पर और 70 प्रतिशत विकासपरक राजनीति पर लगाना चाहिए। चुनाव क्षेत्र को विकसित बनाने का मिशन सामने होना चाहिए। इसके मानंदड इस प्रकार हैं—

1. गरीबी और अपराध से मुक्त चुनाव क्षेत्र, जहाँ हर इनसान के जीवन की गरिमा बिना किसी भेदभाव के सुनिश्चित हो।
2. निरक्षरता से मुक्त चुनाव क्षेत्र, जहाँ युवाओं के लिए अत्याधुनिक कौशल और उच्च शिक्षा उपलब्ध हो।
3. बढ़ी हुई प्रति व्यक्ति आय के साथ सबके लिए मूल्याधारित रोजगार।

4. हर नागरिक के लिए स्वास्थ्य सुविधाओं का प्रावधान। टीबी, हैजा, मलेरिया, एच.आई.वी./एड्स तथा कुष्ठ रोग जैसी बीमारियों का खात्मा। अग्रसक्रिय स्वास्थ्य व्यवस्था और सामूहिक जाँच का प्रावधान हो, जिससे आई.एम.आर., एम.एम.आर. और पुरानी बीमारियों में कमी आए।
5. स्वच्छ पेयजल, नाली, सफाई, सिंचाई, परिवहन, बिजली के लिए स्थायी अधोसंरचना के लिए काम किया जाए और क्षेत्र में पर्यटन की संभावनाएँ बढ़ाई जाएँ।
6. प्रशासन की प्रक्रिया प्रभावशाली, पारदर्शी और भ्रष्टाचार मुक्त हो, ताकि हर नागरिक झंझट मुक्त सेवाएँ हासिल करने में सहजता महसूस करे और राष्ट्रीय विकास के लिए योगदान कर सके।
7. चुनाव क्षेत्र ऊपर बताए हर प्रकार से रहने के लिए उपयुक्त स्थान हो, ताकि पलायन की प्रक्रिया को उलटी दिशा में चलाया जा सके।
8. कुल मिलाकर, चुनाव क्षेत्र का टिकाऊ विकास हो, और उसमें ऐसा संरक्षित वातावरण हो, जिसमें निर्वाचित नेता क्षेत्र के हर परिवार का मित्र, दार्शनिक और मार्गदर्शक हो।

मैं कुछ क्षेत्रों का सुझाव देना चाहता हूँ, जहाँ क्षेत्र विकास निधि का इस्तेमाल हो सकता है। सांसद को हर साल 5 करोड़ रुपए की क्षेत्र विकास निधि के आवंटन का अधिकार है। इस राशि का इस्तेमाल महत्त्वपूर्ण अधोसंरचनात्मक गतिविधियों के लिए किया जा सकता है, जिससे क्षेत्र के नागरिकों को लाभ हो। इस राशि से कई कार्यक्रम भी चलाए जा सकते हैं, जिनमें से कुछ निम्नानुसार हैं—

1. क्षेत्र में ऐसे जल निकायों की पहचान करना, जिनकी मरम्मत, साफ-सफाई की जरूरत हो, और पानी की आवाजाही खोलने

की जरूरत हो। जब बारिश हो तो केवल साफ और खुदाईवाले तालाबों में ही पानी भरा जाए इससे क्षेत्र में भूमिजल का स्तर बढ़ेगा। क्षेत्र के जल निकायों को जोड़ना भी एक संभावना है।

2. बालिका शिक्षा को सबसे ऊँची प्राथमिकता देने की जरूरत है। लड़कियों को स्कूल न भेजने के कई प्रमुख कारणों में से स्कूलों में शौचालय न होना और स्कूल का गाँवों से दूर होना भी हैं। बहुत सारे स्कूल तो एक ही कमरे में चलते हैं। सांसदों और विधायकों को मौजूदा स्कूलों की अधोसंरचना में सुधार में मदद करनी चाहिए या फिर अपने क्षेत्रों में बच्चों के अनुकूल अधोसंरचनावाले स्कूल शुरू करवाने चाहिए।
3. जनस्वास्थ्य केंद्रों का सर्वेक्षण भी करवाया जा सकता है और यह सुनिश्चित किया जा सकता है कि केंद्र को न्यूनतम संख्या में डॉक्टर और अन्य स्वास्थ्य कर्मचारी तथा आवश्यक उपकरण और दवाएँ प्राप्त हैं या नहीं। जनस्वास्थ्य केंद्रों और इलाके के जिला अस्पताल के बीच टेलीमेडिसन कनेक्टिविटी के लिए धन आवंटित किया जा सकता है, जिससे नागरिकों को स्तरीय स्वास्थ्य सुविधा मिल सकेगी।
4. चुनाव क्षेत्र के दूरदराज के इलाकों में चिकित्सा सुविधा उपलब्ध कराने के लिए उपकरणों से सुसज्जित मोबाइल अस्पतालों के प्रावधान पर विचार किया जा सकता है, जो नियत तारीख पर अलग-अलग गाँवों में जाएँ, और इस तरह से मरीजों को उनके गाँवों में ही इलाज मिल सकेगा।
5. वेल्डिंग, निर्माण, रिपेयरिंग और इलेक्ट्रॉनिक उपकरणों की मरम्मत के लिए अत्याधुनिक कौशल के विकास से युवाओं को मूल्य संवर्धित रोजगार मिलेगा। क्षेत्र के युवाओं के लिए वहाँ के पॉलिटेक्निक या आई.टी.आई. में या जिला मुख्यालय

में विशेष पाठ्यक्रम चलाए जा सकते हैं, जिनके जरिए वे कौशल हासिल कर सकें। कुशल लोगों का ग्लोबल कैडर तैयार करने का यह बहुत बड़ा अवसर होगा।

6. चुनाव क्षेत्र में दहेज, भ्रष्टाचार, कन्या भ्रूण हत्या, लैंगिक असमानता, बालविवाह जैसी बुराइयाँ उजागर करनेवाले नुक्कड़ नाटक आयोजित किए जाने चाहिए, ताकि नागरिक जागरूक हों और अपने सामाजिक गुणों में सुधार कर सकें। मूल्याधारित व्यवस्था के निर्माण के लिए यह बड़ा अवसर हो सकता है।

मैं यह संदेश देने की कोशिश कर रहा हूँ कि हमारा जोर विकासपरक राजनीति युक्त लोकतंत्र की संसदीय प्रणाली पर होना चाहिए, क्योंकि राष्ट्र किसी भी राजनीतिक तंत्र से बड़ा है।

मैं किसलिए याद किया जाऊँगा ?

अंत में, मैं हर पाठक से एक प्रश्न पूछना चाहता हूँ—आप किस काम के लिए याद किए जाएँगे? आपको अपने जीवन का विकास करना है और उसे आकार देना है। आपको अपने लक्ष्य कागज पर लिखने चाहिए। यह पृष्ठ मानव इतिहास की पुस्तक का महत्त्वपूर्ण पृष्ठ हो सकता है। और आप राष्ट्र के इतिहास का पृष्ठ तैयार करने के लिए याद किए जाएँगे—चाहे वह पृष्ठ आविष्कार का हो, नवीनता का हो, खोज का हो, सामाजिक परिवर्तन का हो, गरीबी हटाने का हो, अन्याय से लड़ने का हो या ऊर्जा स्वावलंबन के मिशन के नियोजन और क्रियान्वयन का हो। और अगर आप वह पृष्ठ मुझे apj@abdulkalam.com पर इ-मेल करेंगे तो मुझे और भी खुशी होगी।

मेरे पास आपके लिए साहस का एक संदेश है। सुखी, सुरक्षित और समृद्ध देश के अपने सपनों को साकार करने के लिए हमें इस

साहस की जरूरत है।

हिम्मत अलग सोचने की,
हिम्मत आविष्कार की,
हिम्मत असंभव की खोज की,
हिम्मत अनजानी राह पर यात्रा करने की,
हिम्मत ज्ञान बाँटने की,
हिम्मत पीड़ा मिटाने की,
हिम्मत पहुँचविहीन तक पहुँचने की,
हिम्मत समस्याओं से जूझने की
और सफल होने की,
ये रहीं युवाओं की अनोखी विशेषताएँ।

अपने राष्ट्र के युवा के रूप में मैं अपने सभी मिशनों में सफलता प्राप्त करने के लिए कार्य करूँगा और साहस के साथ कार्य करूँगा।

□□□